LE TESTAMENT DE LAPÉROUSE

Du même auteur :

Éditions Jean-Claude Lattès
L'arbre de nuit, 2012, prix Éric Tabarly 2013
du meilleur livre de mer
Datura, 2014

Éditions Ouest-France
La généreuse et tragique expédition Lapérouse ,1985
Océans des hommes, 1987, Grand prix du livre maritime
Carnets de voyages des peintres de la marine, 2002,
rééditions 2008, 2009

Éditions Seghers
Tentation de la haute mer, 1992, Prix Corail

Éditions Chandeigne
Nefs, galions et caraques, 1993

Éditions Philippe Lebaud-Kiron
Le livre de l'aventure maritime, 1995
Tragédies de la mer, 2002, Réédition Éditions Oxus, 2007

Éditions du Chêne
Le livre des terres inconnues, 2000
La France des Gens de mer, 2001. Réédition *Gens de la mer*, 2010
Marchands au long cours, 2003
Les Terre-Neuvas, avec Laurent Girault-Conti,
sur des photos d'Anita Conti, 2004,
Prix Salon nautique-Le Point, réédition 2009

Éditions de Monza
De la Royale à la marine de France, 2004, réédition 2014

Éditions Gallimard
Les esprits de Vanikoro, 2006

Éditions Chasse-Marée-Glénat
Les sauveteurs, 2008
Arsenaux de marine en France, 2008

www.editions-jclattes.fr

François Bellec
de l'Académie de marine

LE TESTAMENT DE LAPÉROUSE

Roman

JC Lattès

ISBN : 978-2-7096-4934-6
Maquette de couverture : atelier Didier Thimonier

Première édition mai 2015.

Deux hommes blancs sont restés après le départ des esprits. L'un était un chef, l'autre le servait. Le chef mourut il y a environ quinze lunes. Six lunes plus tard, le chef du village de Pakaré où il habitait fut obligé de s'enfuir de l'île et l'autre homme blanc partit avec lui. Je ne sais pas où.

Ouallié, chef du village de Tanéma
16 septembre 1827

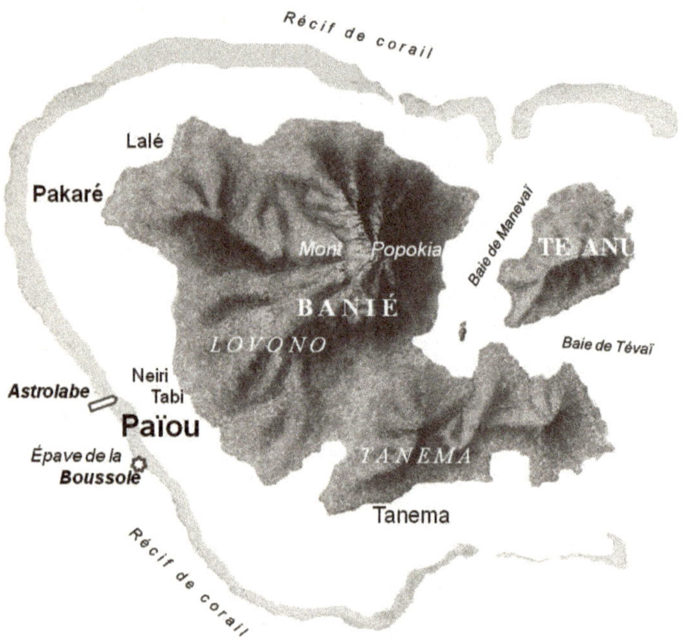
Récif de corail
Lalé
Pakaré
Mont Popokia
Baie de Manevaï
TE ANU
BANIÉ
LOVONO
Baie de Tévaï
Neiri
Tabi
Astrolabe
Païou
Épave de la
Boussole
TANEMA
Tanema
Récif de corail

Vanikoro

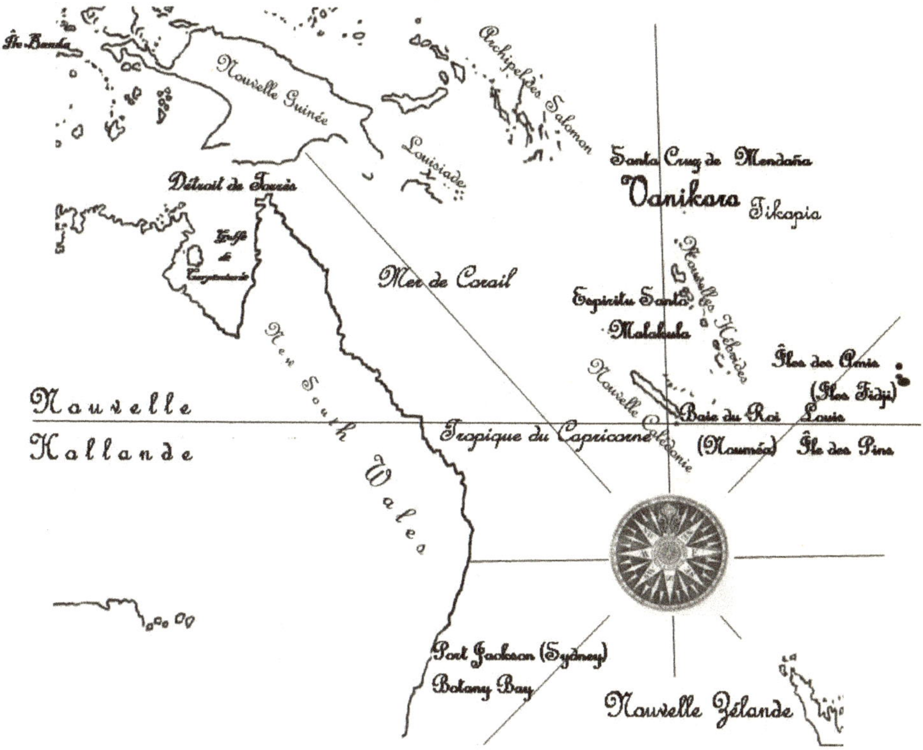

Le Pacifique Sud

— Caraurant !

L'appel était d'un ton agacé.

— Monsieur le comte ?

— Je vous répète pour la centième fois que je veux ici l'almanach et mon cahier d'observations un quart d'heure avant la méridienne, quand vous sortez l'horloge.

— J'attendais pour le faire, monsieur le comte, car je me demandais si les nuages nous permettraient d'observer aujourd'hui.

L'observateur était vêtu d'une chemise à jabot d'un blanc fatigué entrée dans une culotte d'officier de vaisseau écarlate comme ses bas. Il coiffait un visage rond, hâlé mais rasé de près, d'une perruque nouée en catogan. Sous son vêtement sans veste ni gilet perçait un gentilhomme autoritaire. Il affecta de la bouche et des yeux un air ahuri.

— Nous permettraient ? Vous vous mêleriez aussi d'astronomie, Caraurant ? Vous prétendez peut-être manipuler la lunette tant qu'à faire ? Et établir la déclinaison du soleil aujourd'hui ? Voulez-vous mon fauteuil ?

Le domestique, promu chaque midi assistant d'observatoire, lança un regard découragé à un troisième personnage qui le lui rendit en souriant. L'homme solidement charpenté qui se tenait à l'écart était sans doute plus jeune de deux lustres. Il portait une culotte noire prise entre une chemise de lin sans col et des bas blancs. Il était nu-tête et montrait une tignasse de cheveux blonds bouclés, longs et en grand désordre. La méridienne était le moment sacro-saint de leur journée, et l'observation se déroulait selon un cérémonial auquel participait d'un commun accord la mauvaise humeur de l'homme en perruque, un officier de marine habitué au respect naturel de la hiérarchie.

L'édifice consacré au culte du soleil consistait en une tonnelle dressée sur deux portiques reposant sur quatre gros bambous, d'un diamètre d'une main inconnu en Europe. Le toit de palmes était rendu étanche par une double épaisseur de prélart[1]. Un tapis d'Ispahan défendait le territoire noble de l'astronomie contre l'envahissement des sciences naturelles. Il assumait avec lassitude les agressions ponctuelles des vis de calage du quadripode supportant l'instrument, un quart de cercle astronomique haut comme un homme. Son corps en fer était traversé par une lunette de cuivre, croisée d'une longue et étroite boîte en métal cuivreux tombant verticalement depuis le centre, car elle protégeait du vent un fil à plomb. Elle était percée à son

1. Le lecteur trouvera un lexique en fin d'ouvrage.

extrémité inférieure d'une fenêtre de lecture se déplaçant selon l'inclinaison de l'instrument le long d'un limbe gradué sur laiton qui dessinait un quart de cercle. Une plaque ronde rivée au croisement des renforts de l'armature indiquait que l'appareil avait été construit par le meilleur mécanicien de Paris :

LANGLOIS, *Ingénieur*
du Roy, Paris, aux Galeries
du Louvre
Fecit 1756

Ce chef-d'œuvre coûteux, prêté avec inquiétude par l'Observatoire de Paris, semblait toiser la forêt vierge, posé sur son tapis précieux comme un maharadja rassasiant son peuple de sa contemplation. Le tabouret était réservé au

Nautical Almanac
and
Astronomical ephemeris :
for the year 1788,
published by order ot the
Commissioners of Longitude

Un fauteuil Louis XV était recouvert de velours bleu roi. Bordé sur deux côtés par le lagon et la rivière qui s'y jetait, l'observatoire était fermé du côté de la terre par une palissade d'une trentaine de pas, d'une valeur défensive plutôt symbolique. Les trois hommes comptaient sur un canon de six livres en fonte verte pour garantir la sympathie de leur tribu d'accueil, et dissuader l'agressivité des Polynésiens de Tikopia chasseurs de têtes.

— Nous ne sommes plus très loin de la culmination. Attention à m'annoncer le top de deux minutes à huit heures trente-deux à l'horloge. Et puis la minute. J'attends le soleil vers onze degrés et dix minutes de distance zénithale.

L'assistant s'accroupit au-dessus de l'horloge, un cylindre de laiton du diamètre d'un bol, un instrument qui affirmait sa vocation marine, suspendu dans un coffre en acajou de trois palmes de côté par des cardans prêts à compenser roulis et tangage. Le dessus du cylindre, protégé par un verre épais, était constitué par un cadran en émail portant le numéro XXVIII, signé

Ferdinand Berthoud,
Horloger Mécanicien
du roi et de la Marine

sur lequel les trois aiguilles des heures, des minutes et des secondes couraient chacune sur une piste personnelle, comme si elles ne concouraient pas à mesurer le même temps. Jamais mise à l'heure depuis six ans, selon le principe rigoureux de l'intemporalité des garde-temps, elle égrenait une continuité horaire lisse grâce à sa marche d'humeur égale, et c'est là ce que l'on attendait d'elle : compter le temps scientifique à défaut de montrer l'heure vulgaire. Forte de cette licence et de sa dimension universelle, elle indiquait en plein midi huit heures et demie.

— Top ! Deux minutes, monsieur le comte.

— Bien.

L'officier se plia en deux derrière le quart de cercle, et mit son œil à l'oculaire de la lunette qui pointait très haut, la main droite sur la vis du réglage fin.

— Maudites soient les hauteurs du Soleil tropical. Elles vous brisent les reins. Nous approchons. Attention ! Top ! Culmination.

— Top horloge ! La méridienne, monsieur le comte.

— Piquez midi !

Au centre de l'enclos, un portique en bois de pin rond – dans lequel seul un œil de marin pouvait reconnaître le réemploi d'une vergue de perroquet – supportait à hauteur de tête une cloche en bronze d'un diamètre de douze pouces, de la taille d'une cloche de fronteau de gaillard d'arrière. Elle était décorée en léger relief d'une Vierge et de silhouettes pieuses encadrant une croix. Son fondeur en avait été assez satisfait pour l'avoir signée en lettres capitales beaucoup plus nettes – avec une faute de syntaxe – BAZIN M'A FAIT. À son battant était suspendue une courte tresse terminée en pomme, peinte en blanc. Cette habileté de matelotage des gabiers était le seul assemblage de fils désigné par le nom de corde à bord d'un navire. L'assistant saisit la corde et piqua trois coups. Dans l'île, on dressa l'oreille. Ce son d'une nature étrange apporté de l'au-delà de la mer par les grandes pirogues structurait désormais chaque jour le cours fluide du temps sans début ni fin.

La hauteur, la pureté et la portée de sa voix de bronze avaient médusé les Mélanésiens. Les cloches de bois immémoriales qui conversaient avec les ancêtres et avec la nature fondatrice, les conques marines convoquant la communauté aux rassemblements traditionnels ou appelant à la guerre résonnaient dans des tons sourds. Dans la maison des hommes, inspirée voire fertilisée par les tablettes des esprits et par les crânes des ancêtres et des ennemis tués, les guerriers de Païou avaient débattu longuement, accroupis sur les estrades des clans, de l'incroyable puissance de ces êtres venus de l'au-delà des mers, armés de troncs tonnerres et de bâtons de feu, et porteurs d'un son surnaturel.

— Bien. Voyons ça.

L'observateur tomba à genoux et se pencha sur la petite lucarne de verre ouverte dans le bas de la boîte à fil.

— Pourquoi l'observation des astres du ciel vous oblige-t-elle à vous jeter par terre ? Retenez, Caraurant. Zeta onze degrés, onze minutes et une seconde.

Se relevant péniblement un genou sur l'autre, l'observateur alla vers le registre marqué d'une inscription calligraphiée :

Observatoire Royal de Vanikoro
(Archipel de la Reine Charlotte)
Cahier N° 3 des observations de la Déclinaison du Soleil
Année 1789

Il saisit la plume de poule blanche plantée dans un encrier de faïence blanche en forme de cœur que lui tendait son assistant, examina le bec, fit la moue et commenta à haute voix son calcul :

— La latitude Phi de l'observatoire royal est de onze degrés quarante et une minutes et seize secondes Sud. Nous l'avons mesurée et remesurée tant que nous avons disposé des éphémérides jusqu'à la fin de l'année dernière, faute d'avoir sauvé les années 1789 et 1790 qui étaient en soute. Donc je déduis maintenant Delta la déclinaison du Soleil par le calcul inverse. Delta égale Phi plus ou moins Zeta selon l'hémisphère. Moins onze degrés quarante et une minutes et seize secondes, plus… non, moins onze degrés, onze minutes et une seconde, qui font… vingt-deux degrés, cinquante-deux minutes et dix-sept secondes de déclinaison Sud. Le 14 juillet 1789.

L'homme blond tenta sans conviction de maîtriser ses mèches.

— Si je me souviens bien, nous devions arriver ce mois-ci à Brest. Si cela s'était trouvé, nous aurions peut-être été fêtés à Versailles en ce moment même, ce 14 juillet.

L'officier replanta la plume dans l'encrier et se releva.

— C'est exact, Rollin. Notre retour était estimé début juillet. Je vois bien l'arrivée triomphale à Versailles des officiers et des savants envoyés dans le Pacifique pour achever l'œuvre du capitaine Cook. Le roi ne sait pas encore notre désastre. Il l'apprendra bientôt. D'ici le mois prochain ou en septembre. Alors, à Versailles, Rollin, ce 14 juillet est malheureusement un jour bien ordinaire pour Sa Majesté qui tenait tant à cette expédition.

Il se pencha à nouveau sur son cahier et tourna la page de gauche en fronçant les sourcils.

— Nous n'avons pas observé hier ni avant-hier en raison des nuages. La déclinaison de ce 14 juillet a diminué en trois jours de, voyons... à peu près onze minutes. C'est cohérent selon l'almanach de 1788. Merci, Caraurant. Reconduisez l'horloge dans le *Muséum*. Soyez ponctuel demain. Et taillez-moi cette plume qui n'en peut plus. Faites un peu attention ! Votre fréquentation d'une sauvageonne puant la sueur vous tire vers le bas, Caraurant. Quand je pense que votre épouse sauvage nous a coûté six haches et une aune de drap écarlate.

L'assistant qui s'apprêtait à refermer le couvercle de l'horloge se redressa, les mains dans le dos.

— Contre six cochons, dont survit notre cochon d'alarme contre les crocodiles. Maïna est propre, monsieur le comte. Au moins autant que nous, sinon plus. Et je lui apprends le français.

L'officier frappa du poing sur le bras de son fauteuil, et se fit visiblement mal à la main.

— Tiens donc ! Astronome, professeur, jusqu'où irez-vous, Caraurant ? Quant à la propreté d'une cannibale, jugez-la par rapport à vous si vous voulez mais tenez-moi je vous prie à l'écart de toute estimation.

L'homme blond vint au secours du domestique.

— Je parviens de mon côté à m'entendre dans leur langue avec les Mélanésiens.

Son interlocuteur le coupa d'un geste vif du bras.

— Moi pas, Rollin, et je n'ai aucune intention de prononcer jamais un mot de ce baragouin. S'il s'agit du moins de mots et pas de grognements d'animaux. Je sais bien que vous n'êtes jamais aussi heureux que parmi les sauvages.

— Comme tous les naturalistes. J'apprends beaucoup sur leur herboristerie. De toute façon, il nous faut bien cohabiter avec nos hôtes.

L'officier leva les yeux au ciel et haussa les épaules.

— Nos hôtes ! N'importe quoi.

— Forcés, j'en conviens, mais nous sommes chez eux. Caraurant nous rend un grand service. Puisque nous devrons demeurer encore quelque temps ici, il ne nous sera pas inutile de bénéficier d'un truchement pour discourir avec précision avec eux. Votre domestique contribue à l'échange traditionnel d'épouses entre clans. Il est maintenant lié en libre parole à son beau-frère.

— C'est pire que je le pensais. Beau-frère d'un cannibale de bas rang ! Jolie promotion sociale.

— Il ne tient qu'à vous d'épouser une nièce de la lignée du chef Aïo, monsieur. Il n'attend que ça. Elle est probablement cannibale en effet, comme le sont les habitants de Malakula aux Nouvelles-Hébrides, que nous avons longées. Je pense néanmoins que les Mélanésiens sont attachés à cette horrible pratique par souci d'une filiation de l'esprit plutôt que par goût ou par nécessité. Je n'ai pas trouvé en tout cas de preuves flagrantes dans mes visites au village.

L'officier éclata de rire.

— Je suis de bonne humeur, Rollin. Cela tombe bien car vous m'échauffez grandement les oreilles. D'abord, je vous rappelle que je suis déjà marié. Ensuite, la tenue noire que vous affectionnez n'est pas conforme au règlement sur l'uniforme de votre corps. Vous ressemblez plus à un clerc de notaire qu'à un chirurgien de la marine.

Le chirurgien opposa d'une main légère une objection à la critique.

— Je suis d'abord inscrit au rôle des savants, aux titres de la botanique et des sciences naturelles. Le noir convient aux gens de science et aux artistes.

— Je prends cette revendication pour une plaisanterie, Rollin, mais en portant son uniforme, vous honoreriez le corps qui vous a coopté. Votre zèle pendant la guerre d'Amérique en tant que chirurgien de levée a pesé dans mon choix de vous demander au ministre. Et dans le sien pour accepter et vous accorder le brevet de chirurgien entretenu sans même passer par le concours. Vous êtes un cas, Rollin. Alors, faites un effort.

— Je l'ai fait, monsieur. Je rentrais de passer mon doctorat en médecine à la faculté de Nancy quand j'ai embarqué sur la *Boussole*.

— Ah ! Lorrain c'est vrai. Vous êtes nombreux dit-on dans le corps de santé. Pourquoi cela ? L'inspiration des Trois-Évêchés ? Ou les bienfaits du sirop des Vosges ?

— Ce serait plutôt l'effet euphorisant de la mirabelle. Nous étions trois Lorrains sur cinq chirurgiens quand j'ai embarqué pour la première fois. C'était à bord de la *Sibille,* mais de là à généraliser…

L'officier le coupa.

— Admettons que vous traîner par terre à la poursuite d'un coléoptère échappant à la nomenclature vous autorise à déroger au règlement sur la tenue pour en préserver la dignité. En tout cas, apprendre le sabir de ces sauvages n'est pas une priorité. Nous comptons bien leur dire adieu dans quelque dix-huit mois.

Il congédia les deux hommes d'un geste agacé de la main, ôta sa perruque, s'en bouchonna la face et ébouriffa ses cheveux dont les mèches grisonnantes étaient trempées de sueur.

La saison des tempêtes

Le chef d'escadre rédigeait d'une écriture hâtive une longue lettre dont les feuillets jonchaient la petite table en laque de Chine, présent du directeur de la Compagnie de Suède à Macao, le très diligent M. Stekinstron. Il rechargeait d'un geste fébrile sa plume dans un cœur de faïence blanche.

Il faisait très chaud. Les vitrages percés dans le tableau arrière de la frégate étaient grand ouverts à un air sans vigueur qui n'entrait pas vraiment, sinon les émanations toniques des eucalyptus qui proliféraient tout autour de la baie. La chambre était encombrée de caisses et de ballots empilés jusqu'au plafond très bas qui obligeait à se courber. Les coiffes oblongues de six paniers en osier abritant des plantes destinées au jardin du Roi laissaient passer des vrilles et des sarments porteurs de bourgeons et de feuilles tendres. En quête de lumière et d'espace d'expansion, les prisonnières végétales semblaient avoir senti dans les odeurs puissantes de la baie Botanique une complicité propice à l'évasion. L'officier avait quitté sa veste et son gilet d'uniforme suspendus à une patère, et sa chemise était largement ouverte sur un torse en sueur. Nu-tête, sa perruque à catogan se reposait sur le perruquier de buis.

La plume suspendue un instant, il fronça le front, et sembla chercher l'avenir dans le paysage alentour. On voyait à quelques encablures une colline en pente douce, très animée par le montage du campement et de l'observatoire. Les embarcations des deux frégates s'affairaient déjà à transporter les fûts d'eau de source et le bois de chauffage. La fin de la lettre fut écrite d'une traite.

Je remonterai aux îles des Amis[1], *et je ferai absolument tout ce qui m'est enjoint par mes instructions relatives à la partie méridionale de la Nouvelle-Calédonie, à l'île de Santa-Cruz de Mendana, à la côte Sud des terres des Arsacides*[2] *de Surville et de la terre de la Louisiade de Bougainville, en cherchant à connaître si cette dernière fait partie de la nouvelle Guinée ou si elle en est séparée. Je passerai à la fin de juillet entre la nouvelle Guinée et la nouvelle Hollande par un autre canal que celui de l'*Endeavour[3] *si toutefois il en existe un. Je visiterai pendant les mois de septembre et une partie d'octobre le golfe de la Carpentarie, et toute la côte occidentale de la nouvelle Hollande jusqu'à la terre de*

1. L'archipel des Tonga.
2. L'astronome Alexis Rochon commenterait ainsi cette découverte revendiquée par Surville en 1769 : Les nouveaux noms que l'on donne à des terres peu connues occasionnent sans doute dans les cartes et dans les relations une confusion qui est nuisible à la géographie.
3. Le premier navire d'exploration de Cook.

Diemen[1]*, mais de manière qu'il me soit possible de remonter au nord assez tôt pour arriver au commencement de décembre à l'île de France.*

J'ai l'honneur d'être avec le plus profond respect,
Monseigneur,

Votre très humble
et très obéissant serviteur

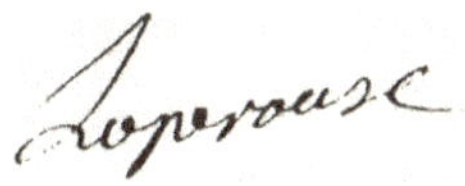

À bord de la Boussole *dans la baye de Botanique,*
le 7 février 1788

Le chef d'escadre ficha sa plume dans l'encrier, et agita la main au-dessus de la feuille pour la sécher. Il rassembla les feuillets précédents en vérifiant leur ordre, plia la petite liasse, la cacheta à la cire qui grésilla à la bougie, et inscrivit l'adresse :

À Monseigneur de La Croix, marquis de Castries
Secrétaire d'État à la Marine et aux Colonies

Il caressa du doigt le cœur de faïence. Ce lourd encrier, adapté aux agitations de la mer, était une attention d'Éléonore qui imprégnait de tendresse les courriers officiels de son navigateur. Il était l'alternative négociée d'un médaillon

1. La Tasmanie.

cordiforme. Quand son mari avait récusé l'idée de ce cadeau d'amour pour cause d'incompatibilité avec l'uniforme d'un officier de marine, la comtesse avait contourné l'obstacle. Lapérouse avait accepté l'encrier en forme de cœur, et portait un médaillon ovale en or rose. Il s'ouvrait sur une minuscule rosette de cheveux bruns enchâssée derrière une glace biseautée en cristal de roche. Le petit reliquaire était gravé d'un monogramme formé d'un E enchaîné à JF.

Jean-François et Éléonore avaient fait un mariage d'amour, ce qui était une anomalie. Leur passion était née et s'était nourrie à l'île de France. Arrivé à bord de la *Belle-Poule* conduisant le chevalier de Ternay prendre ses fonctions de gouverneur, Lapérouse avait alterné des commandements, une campagne en Inde, une autre à Madagascar, et du service à terre. C'est alors qu'ils avaient fait connaissance. Il avait 32 ans, Éléonore en avait 18. Son père, Abraham Broudou, négociant et armateur à Nantes, était administrateur de l'hôpital du Port-Louis. Leurs sentiments s'étaient vérifiés au fil de leurs rencontres. Une lettre à sa sœur et confidente avait laissé entendre à Martiane-Jacquette qu'il était *un peu amoureux d'une jeune personne de l'île de France, et cette affaire pourrait bien se terminer par un mariage mais rien n'est encore décidé.* Dès qu'il avait appris cette imbécillité, son père avait saisi une plume furibonde pour placer son fils sous la tutelle de Ternay et lui faire interdire formellement de poursuivre toute idée de mésalliance. De toute façon, Jean-François était promis à la jeune Rose de Vésian qu'il n'avait d'ailleurs jamais rencontrée. Il leur avait fallu dix ans pour contourner l'obstacle. Après une rupture à l'amiable avec les Vésian, Lapérouse était passé outre l'interdiction paternelle, et s'était marié à Paris sans même demander l'autorisation du ministre de la Marine. Et puis, Victor-Joseph de Galaup avait fondu devant le charme modeste de sa bru, et le marquis de Castries avait pardonné affectueusement l'entorse à la règle.

Lapérouse ferma le col de sa chemise, revêtit son gilet en grimaçant car il le serrait au ventre, endossa sa veste, remit d'un geste habituel ses cheveux en ordre vers l'arrière et les cacha sous sa perruque qu'il ajusta des deux mains. Ayant retrouvé son tricorne en vadrouille, il sortit sur la dunette. Accoudés à la rambarde, le lieutenant Shortland et le lieutenant de vaisseau Anne-Georges, chevalier de Monty, s'amusaient des ébats des petits cochons noirs embarqués aux îles Samoa, qui s'agitaient dans leur enclos autour du grand-mât. Monty venait de passer à bord de la *Boussole* pour prendre les fonctions d'officier en second. La division avait perdu par accident ou agression neuf officiers sur dix-huit depuis le départ de Brest. Dont le commandant de l'*Astrolabe*, le capitaine de vaisseau Fleuriot de Langle massacré à Tutuila le 11 décembre, il n'y avait même pas deux mois, avec onze autres dont le chevalier de Lamanon embarqué comme physicien minéralogiste. Il avait fallu rééquilibrer les états-majors pendant le mouillage à Botany Bay.

— Voila, lieutenant Shortland. Merci de votre patience. Je terminais une dernière lettre à mon ministre pour compléter le journal que j'ai arrêté à notre mouillage ici le 26 janvier. Ayez la bonté de joindre ce pli aux dépêches que M. de Monty vous a déjà confiées, à l'attention de notre ambassadeur, le comte d'Adhémar.

L'officier anglais toussota derrière sa main.

— Aussi loin que cela me concerne, monsieur, je crains que son excellence le comte d'Adhémar n'ait quitté ses fonctions l'an dernier. Mais ce sera fait. J'embarquerai sur l'*Alexander* pour convoyer les paquets du commodore et son rapport sur l'installation de la colonie britannique aux New-South Wales. Ce sera mon plaisir et un grand honneur de prendre soin de vos dépêches, et de les remettre personnellement au nouvel ambassadeur de France à Londres. L'*Alexander* appareillera le 14 de juillet si les vents le permettent.

— Eh bien, lieutenant, puisque vous en savez plus que moi sur notre représentant diplomatique à Londres, je vous remercie de lui transmettre nos courriers. Assurez le commodore Phillip de ma gratitude et dites-lui que je forme des vœux pour la colonie de Port-Jackson. Des Européens sont tous compatriotes à une aussi prodigieuse distance. Informez-le que je compte appareiller vers le 15 mars. *Good bye*, lieutenant Shortland. Rentrez bien.

Le docteur Bowes Smyth, médecin major de *Lady Penrhyn*, qui avait transporté dans la colonie cent un convicts femelles, consigna dans son journal personnel à la date du mardi 11 mars 1788 :

Très chaud. Le thermomètre affiche 80[1]*. Aujourd'hui, deux femmes convicts se sont enfuies du camp, en emportant leurs affaires et leurs couchages. Plusieurs membres de notre équipage sont atteints de dysenterie qui sévit dans le camp. Les deux navires français ont quitté Botany Bay dimanche dernier, 9 de ce mois et nous ne savons pas vers où ils se sont dirigés.*

Le même jour, le capitaine David Collins, lieutenant gouverneur responsable de la justice dans le nouvel établissement des New South Wales, découvrit près du camp des Français une tombe fraîchement creusée au pied d'un eucalyptus.

Nous trouvâmes après leur départ la tombe de l'abbé le Receveur qui mourut très peu de temps avant leur appareillage. Il était enterré pas très loin de l'endroit où ils avaient dressé leurs tentes, au pied d'un arbre sur lequel étaient clouées deux planches portant l'inscription suivante :

Hic jacet
L. Receveur
E.F. Minoribus Galliae sacerdos
Physicus in circumnavigatione mundi
Duce D. La Perouse
Obiit Die 17 Febr Anno1788

1. Degrés Fahrenheit, soit 26,7 ° Celsius.

Robert Sutton, chevalier de Clonard, était venu de la *Boussole* remplacer le capitaine de vaisseau Fleuriot de Langle au commandement de l'*Astrolabe*. Et puis un nouveau drame avait frappé l'expédition. L'exploration de la baie qu'ils avaient dédiée au roi Louis en Nouvelle-Calédonie avait été interrompue par une agression des Kanaks. Atteint à la tempe par une pierre lancée avec une fronde, Lapérouse était dans le coma depuis deux semaines. Promu capitaine de vaisseau en mer par les grâces accordées par le roi, Clonard était, après la mort de Langle et l'incapacité du chef d'escadre, le plus ancien des officiers. Selon le règlement du service à la mer qui assurait la continuité du commandement dans les épreuves, il était investi temporairement du commandement de la division. À peine nommé second officier de la *Boussole*, Monty, qui attendait dans quelques jours sa promotion de capitaine de vaisseau, vivait le rêve de tous les seconds capitaines, en commandant la *Boussole* par intérim.

Après avoir doublé l'extrémité nord de la barrière presque continue de récifs qui déborde largement la Nouvelle-Calédonie, l'*Astrolabe* avait signalé de faire route pour aller reconnaître le groupe nord des Nouvelles-Hébrides. Cook les avait découvertes, baptisées et explorées. Il avait séjourné dans l'île de Malakula, la plus grande après Espiritu Santo dont le nom rappelait la vieille quête espagnole d'une implantation chrétienne en Terre Australe. Les deux frégates naviguaient au nord-est toutes voiles dehors tribord amures, pour profiter d'un beau temps qui pourrait ne pas durer, car la situation était encore instable en cette saison. Les coups de vent d'ouest étaient à craindre avant que l'alizé ne s'établisse durablement.

Ce mardi 10 juin 1788 à bord de l'*Astrolabe,* le branle-bas avait depuis longtemps jeté les hommes à bas des hamacs. La journée de l'équipage avait débuté avec la mise à l'ouvrage. On lavait et on brossait les ponts à grands baquets d'eau de mer. Au-dessus des têtes dans la mâture, le maître voilier Grosset, de Brest, se livrait comme chaque jour à l'inspection minutieuse de la voilure et du gréement, assisté par Bourhis, un Lorientais à l'accent traînant de la Bretagne Sud. La révision de la mâture et du gréement des deux frégates dans l'arsenal de Cavite à Manille remontait à quinze mois. À nouveau, il fallait rapetasser les manœuvres, dégréer, descendre, changer et renforcer les voiles, et les gabiers n'arrêtaient pas de faire des épissures pour rabouter à longueur de bordées de quart les cordages rompus, et pour tenter de prévenir la rupture des autres, usés, pourris d'humidité, cuits et recuits par le soleil et par le sel.

Dans les fonds de la *Boussole*, le sous-lieutenant de vaisseau Mouton, un ancien officier marinier promu entre l'île de Pâques et les Hawaii dans la grande promotion du 1er mai 1786, avait rejoint un groupe attentif et soucieux. Premier pilote, Mouton exerçait aussi les fonctions sensibles de commis aux vivres. Il y avait là autour de lui Louvigny, le premier commis brestois, son compatriote Quiniou, le coq qui régnait sur la cuisine à l'avant du pont, et Bonneau, le boulanger dont le four était établi sur le faux-pont à l'avant du grand mât, un Poitevin égaré parmi tous ces Bretons. Depuis longtemps, ils avaient perdu la mémoire des légumes frais. L'odeur qui imprégnait la cale était infecte, entretenue par les viandes mises en barils à Manille qui commençaient à se dégrader, rongées par le sel, et par les déjections des rats quand ils n'étaient pas partis crever vicieusement dans des recoins inaccessibles. À l'arrière, au-dessus de la soute à poudre, la réserve de légumes secs et de biscuits dans lesquels les vers creusaient des galeries était dans un état pitoyable. Ces hommes clés sur qui reposait le moral de l'équipage et qui croulaient sous les invectives, entendaient évaluer l'acceptabilité des pourritures et l'étendue des ravages causés par les insectes aux réserves de farine et de grain.

Leurs homologues de l'*Astrolabe* faisaient le même inventaire. Le conseil de guerre après l'attaque des Kanaks en Nouvelle-Calédonie avait décidé que les meilleures salaisons et le biscuit concédé par les vers seraient attribués à la *Boussole*, pour lui offrir le quotidien le moins pire quand elle achèverait seule la mission. L'équipage de l'*Astrolabe* se pincerait le nez un peu plus fort avant de retrouver à court terme au Port Louis les odeurs suaves et les fruits délicieux de l'île de France. Et les femmes câlines, puisqu'on savait bien dans les équipages que M. de Lapérouse, aujourd'hui entre la vie et la mort, y avait trouvé naguère l'amour de sa vie. Le volontaire Frédéric Broudou, frère aîné dissolu de la jeune Éléonore de Lapérouse, se rachetait d'ailleurs une conduite à bord. Embarqué comme volontaire, il était passé lieutenant de vaisseau, aspiré par les promotions généreuses de l'expédition Lapérouse dont les mérites valaient bien ces récompenses de carrière.

Les deux dunettes étaient animées, car les officiers étaient bousculés par deux tâches fondamentales de l'expédition : la navigation quotidienne et le levé cartographique, une manière de récompense dans leur univers vide quand la terre apparaissait trop rarement. Ils voyaient défiler ce matin Malakula avant de remonter vers Espiritu Santo, en les cartographiant au passage. Les officiers disposaient d'excellents compas de relèvement anglais. Ils avaient été disposés commodément au bastingage tribord, calés sur des glènes de cordages, pour mesurer les relèvements des accidents de terrain remarquables comme les sommets et les tombants des îles. Les recoupements des relèvements successifs précisaient méthodiquement la position de ces points caractéristiques sur la carte que M. Monneron et M. Bernizet, chacun sur sa frégate, étaient occupés à dresser. Grâce aux hauteurs astronomiques des officiers, et de l'astronome, M. Lepaute d'Agelet – ou Dagelet selon les sensibilités –, on vérifierait les coordonnées géographiques assignées par le capitaine Cook.

On préparait l'observation méridienne. Un nouveau jour commencerait à courir à bord des frégates lors du retournement du sablier de midi, marqué par un coup de cloche. L'astronome et les meilleurs observateurs préparaient aussi une mesure de longitude par la distance angulaire entre la Lune et le Soleil. On avait sorti de leurs coffrets en acajou les cercles et les sextants. À bord de la *Boussole*, Pierre Guery, l'horloger, qui ne se consolait toujours pas d'être si loin de sa Beauce et de sa jeune épouse Anne-Louise, avait monté sur la dunette l'une des horloges à ressort. Ces montres de comparaison rapportaient les instants des observations aux garde-temps, les lourdes horloges à poids capables de transformer leur heure en longitude, qui ne quittaient jamais les fonds des frégates où elles étaient douillettement arrimées. Toutes ces mécaniques étaient dues à la lime géniale de Ferdinand Berthoud. La régularité de la marche des chefs-d'œuvre de ce mécanicien émerveillait les officiers. Ils trouvaient les éphémérides dans le *Nautical Almanach* pour 1788 qui avait pour seul défaut d'être rapporté au méridien de l'observatoire de Greenwich, alors que les cartes françaises se référaient bien sûr à celui de Paris.

Face au soleil, le lieutenant de vaisseau Broudou réglait les miroirs du sextant en laiton de l'atelier Ramsden, une mécanique de précision qu'il manipulait avec respect depuis le départ de Brest. Le chevalier de Monty, l'un des meilleurs observateurs de la division, partageait son admiration pour la qualité des instruments anglais, mais il estimait que les cercles de réflexion du chevalier de Borda signés par le mécanicien Lenoir pouvaient se comparer à eux sans réserve. La répétition des mesures sur les cercles donnait même des résultats bien plus précis que les observations aux sextants. Le sous-lieutenant de vaisseau Collinet s'était approprié le grand sextant en bois divisé sur cuivre prêté à la *Boussole* par l'Académie de marine. Il avait été construit pour elle par un artiste brestois, un certain Mercier. L'académie l'avait confié comme un trésor et il est vrai que, contrairement à toute attente, cet instrument breton en bois était aussi juste que les sextants anglais métalliques. En choisissant quel filtre de verre coloré serait le plus approprié au soleil un peu gris, le jeune officier proclama hautement, selon un rituel quotidien qui les amusait toujours autant, que ses altitudes du soleil – *heol* en breton, ajoutait-il en levant le doigt – seraient plus légitimes et donc plus justes que leurs observations de connivence avec la perfide Angleterre. Il se décida pour le filtre vert.

Malgré l'agilité des esprits, l'ambiance était morne. Ils étaient encore sous le choc de l'attaque des Kanaks dans le lagon calédonien, nouvel effet pervers de la malchance qui s'acharnait sur l'expédition dans ses relâches les plus admirables. La blessure très grave du chef d'escadre ajoutait une épreuve au journal dramatique d'une expédition dont le succès le plus heureux, selon sa majesté, eût été qu'elle se terminât sans avoir coûté la vie à un seul homme. Trente-six morts déjà, avec l'enseigne d'Aigremont vidé par la dysenterie à Manille et le père Receveur mort du tétanos à Botany Bay quand sa blessure à l'œil s'était infectée. Et des blessés nombreux dont les plaies cicatrisaient mal dans cet air humide et à cause du sel qui imprégnait tout. La campagne n'en finissait pas. La perspective de poursuivre seuls l'exploration de la Nouvelle Hollande était vécue comme un honneur mais tous enviaient secrètement l'*Astrolabe* qui allait écourter sa campagne pour rallier le Port Louis de l'île de France au plus court.

Sous la dunette consacrée à l'astronomie nautique, la grand-chambre dont les vitrages perçant le tableau arrière donnaient sur la mer était le cabinet commun de travail des savants. On y regrettait le départ de M. Rollin pour l'*Astrolabe.* Tout le monde appréciait le chirurgien-major, en lui pardonnant son fifre au répertoire limité. Surtout le jardinier Collignon qui lui devait son bras après l'éclatement d'une poire à poudre en Tartarie, et son confrère Lavaux qu'il avait trépané après le massacre des Samoa.

Le jardinier et l'abbé Mongez échappaient au climat morose, triant leurs trouvailles leurs besicles sur le nez. Les spécimens à identifier et à mettre en état de conservation s'entassaient en jonchées depuis les fabuleuses récoltes de la longue escale de Botany Bay. Ils ne suffisaient pas à engranger les collectes, depuis le passage aux îles des Amis, le mouillage à l'île des Pins et la courte relâche en Nouvelle-Calédonie qui, même hostile, était elle aussi une Terre Promise pour l'histoire naturelle. D'autant plus qu'ils n'étaient plus nombreux à servir cette discipline après le débarquement de Dufresne à Macao et le décès du père Receveur. Le matelot Abgral s'était porté volontaire pour aider à trier les collectes, à emballer et ranger là où il restait un semblant de place les herbiers et les arbustes accrochés à leur motte de terre exotique. Il était gonflé d'orgueil d'avoir été choisi parmi l'élite des marins du port de Brest pour participer au grand voyage scientifique français autour du monde à bord de la *Boussole*. Les instructions royales stipulaient que sa solde de 18 livres serait portée à 30 le 1er août 1788. C'était très bientôt. Vivement le mois d'août.

Tout en s'affairant autour des plantes qui commençaient à sécher en libérant des senteurs inconnues et quelques menus insectes aussitôt capturés à l'aide d'une pipette, Abgral admirait du coin de l'œil les lavis que Gaspard Duché de Vancy, le dessinateur de figures et de paysages, avait brossés ces jours derniers. Il y mettait les dernières touches sur le petit espace de table qu'il est parvenu à défendre contre la prolifération des moissons d'herbes, de feuillages et de fleurs. Il avait dessiné avec soin les curieux conifères de l'île accrochée à la Nouvelle-Calédonie, que Cook avait nommée l'« Isle of Pines » : les araucarias de Cook. Les savants appelaient cet arbre *Araucaria Columnaris*, un tronc hérissé de branches courtes, une manière de colonne avec une barbe de huit jours.

Ils perdirent la terre au coucher du soleil, en route au Nord-nord-ouest vers l'île Santa Cruz de Mendaña. Le loch à l'anglaise leur donnant un sillage de six nœuds, ils auraient la vue de Santa Cruz le surlendemain avant le coucher du soleil.

Le jeudi à l'aube, à bord de l'*Astrolabe*, les hommes du tiers de la relève de huit heures constatèrent que le temps avait changé. L'alizé avait molli, et une longue houle du sud soulevait la mer par-dessous les vagues tranquilles de ces derniers jours. Sur les neuf heures, cette étrange quiétude fut bousculée par une forte risée du sud. Le vent se rétablit brutalement et forcit en tournant vers le sud-ouest, d'où montait une nuée sombre confirmant l'approche d'un coup de vent. Les lieutenants de vaisseau Boutin, nouvel officier en second, Blondela, un talentueux dessinateur amateur, et Darbaud préparaient leurs sextants. Ils avaient disposé le graphique imprimé de calcul des distances lunaires d'une complexité telle que la plupart des officiers les plus savants déploraient que l'on eût inventé cette méthode démoniaque alors que les horloges étaient d'un emploi si instantané. Sauf Darbaud, pas vaniteux d'être qualifié de prodige par l'astronome en titre. Il n'était pas mécontent d'avoir été choisi dans la classe de mathématiques de l'École militaire pour partager la renommée à venir du voyage du roi, de préférence à son condisciple Napoléon Bonaparte. Le Corse resterait inconnu, et c'était bien fait pour ce petit coq ombrageux.

Les jeunes officiers s'étonnaient de ce changement de temps qui traversait inopinément la routine des alizés, sans autre inquiétude que de manquer leur observation si le soleil se cachait. Le commandant de Clonard les rejoignit sur la dunette, le front soucieux. Il avait été réveillé dès quatre heures par l'officier de quart, et il s'était plongé depuis dans les documents nautiques. Il ébranla leur tranquillité.

— Un puissant phénomène atmosphérique vient sur nous. D'après le renforcement du vent, et sa rotation dans le sens des aiguilles d'une horloge, je soupçonne qu'une dépression très creuse va croiser notre route, courant d'est en ouest quelque part par là – il balaya l'espace du bras tendu en direction du travers bâbord. Si mon analyse est bonne, nous nous trouvons très heureusement en position favorable pour l'éviter. Nous semblons être dans le demi-cercle au nord de la trajectoire, que l'on dit maniable parce que les allures de cape éloignent du phénomène. Dans l'autre demi-cercle, au contraire, il est impossible d'échapper à la dépression. Les allures de fuite poussent les navires sur son avant. Ils sont aspirés inexorablement.

Un peu impressionnés par la gravité du commandant, Boutin et Darbaud réglaient la collimation de leurs sextants, en s'efforçant d'afficher la désinvolture de vieux marins.

Les laissant à leurs occupations, Clonard héla Mathurin Léon, le premier pilote, et François Lamare, le maître d'équipage, qui conversaient à quelques pas sur le pont, le nez levé vers le ciel.

— Je vous vois soucieux tous les deux, et vous avez raison. Nous allons nous écarter de ce phénomène qui ne me dit rien qui vaille, en venant de quelques quarts vers l'est. Nous avions prévu de nous mettre en latitude de Santa-Cruz et de venir sur l'île depuis l'ouest. La nouvelle route nous la fera doubler par l'est en fin de nuit en restant en sécurité sous son vent.

Le commandant attendit une réponse des deux maîtres, qui se bornèrent à opiner de la tête.

— Léon, priez M. Lavaux de ramasser ses fourrages, et disposez sur la table de la chambre tout ce que nous avons comme cartes de l'archipel des Santa-Cruz. Descendez aussi le routier qui est là sur la table à carte. D'ici peu, les papiers s'envoleront de la dunette. Les philosophes qui affirment que les paroles volent et que les écrits restent n'ont jamais mis les pieds sur un bateau. Ça vaut aussi pour vos chers graphiques de distances, Darbaud. De toute façon, vous n'observerez pas la méridienne aujourd'hui. Voyez ce qui nous arrive. Ramassez votre sextant et calez-le bien. Ça va secouer un peu.

Il revint vers le premier pilote.

— Faites préparer les pavillons signalant à la *Boussole* que la division viendra une heure après midi de six quart sur tribord jusqu'au nord-est. Qu'elle se prépare à un coup de vent sous voilure de cape en serrant les huniers.

— Bien, monsieur. Je transmets au second pilote. Mavel attendra votre ordre pour envoyer les signaux.

— Qu'il les envoie sitôt paré. Vous, Lamare, sifflez le rappel du tiers de renfort et mettez tout le monde dans la mâture. Quand on aura serré les huniers, vous ferez passer l'équipage au quart renforcé par bordée. Faites saisir le matériel partout par les maîtres, et faites une ronde des sabords.

La masse nuageuse qui occupait maintenant la moitié du ciel cacha le soleil.

Dans la soirée, le vent avait tourné jusqu'à l'ouest-nord-ouest en forcissant considérablement. Il soulevait des vagues déferlantes qu'ils prenaient un peu sur l'arrière du travers. Chaque lame explosait sur leur hanche en soulevant une gerbe d'embruns qui s'écrasaient sur le gaillard d'arrière et dégoulinaient sur le pont en petites cataractes. Des nappes d'eau écumeuses dévalaient le pont rendu pentu par la forte gîte, pour s'échapper comme des torrents de montagne par les dalots de tribord. La bordée de repos restait en alerte, couchant à plat-pont. Les hamacs n'avaient pas été crochés afin de laisser l'entrepont dégagé. Les tribordais prirent le quart à huit heures du soir en ayant revêtu les paletots qu'ils avaient remisés depuis le Kamtchatka. Aucune inquiétude ne régnait à bord des frégates. Ils avaient essuyé d'autres grains depuis le départ de Brest, et l'équipage, constitué en majeure partie de Bretons, était coutumier des coups de Noroît. Ils avaient déjà échappé de peu au naufrage dans la nuit du 5 au 6 novembre 1786 au nord de l'archipel des Hawaii, par un très beau temps. Des brisants étaient brusquement apparus dans la nuit à deux encablures sur l'avant. Lapérouse avait baptisé ce danger la *Basse des frégates françaises*, un baptême qu'il avait expliqué dans son journal parce qu'il s'en était fallu de très peu qu'il n'ait été le terme de leur voyage.

Les cartes confirmaient que leur fuite contrôlée sous voilure réduite à une trinquette et aux basses voiles les poussait dans le sud-est de l'île de Santa-Cruz de Mendaña, dans une mer libre de tout danger. La *Boussole* s'était fondue dans la nuit, à quatre ou cinq encablures sur leur bâbord avant, une habitude restée en usage malgré la transmission temporaire du commandement de la division navale à bord de l'*Astrolabe*. On distinguait à peine le fanal de poupe de la frégate dans le brouillard d'embruns.

À minuit, les gabiers Jean Moal et Joseph Le Quellec montèrent avec les bâbordais. Inséparables, ils appartenaient tous les deux à la confrérie des Morlaisiens, des Trégorois et des gars de Saint-Brieuc en bisbille permanente avec ces messieurs de Brest et de Recouvrance qui prétendaient tenir le haut du pavé à bord de l'*Astrolabe*. Le reste de l'équipage était constitué de Bretons périphériques tolérés et d'une poignée d'indigènes venus de provinces que les Brestois affectaient de ne même pas savoir où c'était. Aux postes de navigation, Moal et Le Quellec étaient veilleurs sur le gaillard d'avant.

Sur les trois heures, Moal se redressa vivement, tendit le bras et poussa un cri étranglé :

— *Va Doue ! kerreg ahont*[1] *!*

Son camarade sursauta.

— Qu'est-ce que tu baragouines, Jean ? T'es pas bien ?

1. Mon Dieu ! Des récifs là-bas !

— Des récifs là-bas, Joseph ! Nom de Dieu ! Ça brise de partout !

— T'as la berlue, Jean. Le commandant a dit qu'il n'y a rien devant. Ce sont des moutons un peu plus gros dans cette mer qui s'agite comme une folle. C'est tout.

— Ce ne sont pas des moutons, Joseph ! Ou alors, un troupeau. Vois toi-même !

Le Quellec se pencha au-dessus du plat-bord, mit sa main en visière et resta un instant muet de stupéfaction.

— *Va Doue !*

Le gabier se jeta sur la cloche du gaillard dont il agita le battant, en hurlant en direction de la dunette :

— Des brisants à un quart bâbord !

Le lieutenant de vaisseau Darbaud, officier de quart, se précipita au bastingage. La ligne de brisants était en effet bien visible malgré la nuit noire, au-delà des crêtes d'écume qui hachuraient la mer. Il hurla à son tour, ajoutant la voix de la petite cloche du fronteau de dunette au battement frénétique de la cloche de l'avant.

— Branle bas ! Branle bas ! Des récifs droit devant !

Audignon, le maître d'équipage en second, qui était dans la bordée de quart siffla le branle-bas. Les hommes de la bordée de relève, réveillés en sursaut par tout ce tintamarre, jaillirent sur le pont.

— Paré à virer lof pour lof.

— La barre à droite toute !

Le commandant qui avait bondi sur la dunette approuva la manœuvre, et ordonna de tirer deux coups de canon qui, selon leur code, signalaient une alerte à la *Boussole* dont on voyait toujours le fanal de poupe. Les détonations sourdes renforcèrent la solennité de la situation dramatique. Le maître d'équipage, accouru aussitôt, prit la relève de son adjoint d'une claque sur l'épaule, et fit chauffer son sifflet pour traduire les ordres du commandant.

— Brasse la grand-voile et la misaine en ralingue ! Borde la trinquette !

En accompagnant la giration, le maître réorientait les vergues au sifflet, pour conserver les voiles en situation de ne pas prendre le vent, ce qui aurait contrarié le virement de bord.

— Brasse ! Tiens bon ! Brasse ! Tiens bon !

Au passage vent arrière, le commandant ordonna :

— À hisser l'artimon ! File la trinquette en grand !

— Borde l'artimon sitôt paré ! Rondement les gars !

La frégate se rétablit sur une nouvelle route tribord amures au grand largue, qui les éloignait en principe des récifs. Ils virent confusément défiler sur leur arrière bâbord la *Boussole* qui avait manifestement touché. Elle était couchée sur le flanc dans des gerbes d'embruns, son grand-mât rompu au ras du pont. Abasourdi par la rapidité du drame, Clonard agrippa le bras de l'officier de quart et lui jeta d'une voix étranglée :

— Elle est sur le récif !

— Oui, commandant. Elle est drossée dans les déferlantes. Il m'a semblé au passage qu'elle aurait touché de l'avant, en brisant son rand-mât, et que le vent l'aurait retournée. Comme si elle culait en raguant contre le corail.

— Mon Dieu ! Alors, ils sont perdus. Nous devons leur porter assistance au plus vite. Votre avis, Darbaud ?

— On ne peut rien pour eux, commandant. Vous le savez bien. Qui pourrait dans cette nuit d'apocalypse ? Nous reviendrons demain au jour.

Clonard hocha la tête, le regard flou vers le récif qui s'éloignait sur l'arrière.

— Demain au jour. Bien sûr. Vous avez raison, Darbaud. Faites gouverner comme ça, à l'est-sud-est. Espérons que la dépression va nous oublier.

Il murmura :

— M. de Lapérouse ne méritait pas un tel malheur. Mon Dieu ! Qu'avons-nous fait !

Le commandant s'agenouilla contre le plat-bord, la tête posée sur ses bras croisés sur la lisse. Il resta prostré jusqu'au jour. L'impensable était survenu. Leurs frégates porteuses d'humanisme avaient été jetées sur une île inconnue. Ce ne pouvait être une erreur de navigation, le recalage sur Espiritu Santo datant seulement de quelques heures. Ils venaient donc de se heurter à l'une des dernières îles ignorées des cartes marines. La *Boussole* était perdue. Les déferlantes s'acharnaient à massacrer son équipage. À le broyer sous un marteau pilon qui déchiquetait les corps sur le récif corallien. Aucun navire ne résistait à la puissance des déferlantes s'abattant sur un récif. Alors un petit homme n'était pas grand-chose dans ce paroxysme, car sa qualité supérieure ne lui valait aucune indulgence. Les hommes aiment absurdement la mer, mais cette passion adultère n'est pas partagée. On le sait depuis les premiers âges de l'humanité. Certes, l'*Astrolabe* était sauve, mais le grand voyage utile à la connaissance, généreux et pacifique voulu par le roi, déjà lourd de près de quarante morts en Alaska et aux îles Samoa, venait de tourner au désastre. L'expédition Lapérouse serait marquée à jamais par la perte corps et biens de la frégate de commandement. Le roi lui avait confié la tâche d'achever l'œuvre brillante du capitaine Cook. Elle répondrait devant l'histoire d'avoir transformé ce grand dessein en désastre.

L'*Astrolabe* se présenta le lendemain en fin de matinée devant le lieu du naufrage. Elle avait passé la nuit dans le sud de l'île inconnue. Elle était revenue à l'aube dans une mer devenue maniable aussi vite qu'elle s'était déchaînée. L'île était apparue au jour, un volcan sorti de la mer dont le sommet se perdait dans les nuages d'un ciel encore chaotique. Une barrière de corail, sur laquelle brisaient les lames, la ceinturait entièrement. Boutin, qui était de quart, aperçut le premier à la lunette l'épave disloquée de la *Boussole*, dont seuls émergeaient encore la proue et le beaupré. Ils en étaient à cinq ou six encablures, tous les yeux rivés sur elle, quand le lieutenant de frégate Blondela tendit vivement le bras.

— Il semble y avoir là une passe, commandant. Pas très large mais suffisante peut-être pour aller mouiller dans le lagon. Regardez. Nous venons de la dépasser. Elle défile sur l'arrière.

— Ça semble bien une passe en effet. Ce serait une jolie chance dans notre malheur si nous pouvions mouiller à l'abri et secourir nos camarades. Il faut aller voir ça de près. Monsieur Boutin ! Mettez en panne. Lamare ?

Le maître d'équipage se rapprocha du commandant.

— Faites armer ma yole et mettez-la aux ordres de M. Blondela.

Clonard posa sa main sur l'épaule de l'officier.

— Prenez nos quatre pilotes, Blondela. Vous allez sonder la passe. Prenez votre temps. Emportez de quoi mouiller des bouées pour baliser le chenal s'il s'avère que nous aurions assez d'eau pour rentrer.

Vers une heure de l'après-midi, la yole revint accoster l'échelle de pilote. Le lieutenant de frégate rejoignit la dunette d'un bond.

— C'est juste, commandant, mais la passe est saine. Le fond est assez régulier à quatre brasses avec une patate de corail à dix-sept pieds sur la droite, que nous avons balisée. Il y a une sorte de courant de flot portant vers le lagon, mais il n'est pas violent.

— Bon. Nous calons quatorze pieds sept pouces à l'arrière. Ça nous laisse plus d'une brasse de marge. Ce n'est pas formidable mais nous avons vu pire dans la Manche de Tartarie. En largeur ?

— Dans les dix à douze brasses sur une longueur d'une soixantaine de bout en bout. J'ai marqué les deux bords de l'entrée et de la sortie.

Clonard pianotait sur la lisse. Sa responsabilité de commandant allait être pleinement engagée dans une manœuvre sinon risquée, du moins périlleuse. D'un autre côté, le sort des naufragés de la *Boussole* dépendait de leur assistance rapide.

— On ne sait vraiment pas grand-chose sur les marées des îles Salomon.

— Rien, mais si nous y allons tout de suite, nous n'aurons pas de surprise.

— C'est juste, Blondela, sauf que nous avons le soleil dans la figure, ce qui n'est pas idéal pour voir les fonds.

— À l'œil, le lagon est sain aux abords immédiats de la passe, commandant.

— Bon. Alors, nous mouillerons aussitôt après être rentrés et nous verrons ça tranquillement pour la suite. La passe est orientée au nord-est. Le vent est stable au nord-nordé, pratiquement dans l'axe, et il a considérablement molli. Nous allons mettre à l'eau la chaloupe et nous passerons à sa remorque aux avirons, sous les focs et l'artimon. Qui est l'officier de quart, avec tout ce monde sur la dunette ?

— C'est moi, commandant, répondit Pierre Brossard, un aide pilote promu sous-lieutenant de vaisseau.

— Parfait. Alors, vous faites exécuter tout ça, Brossard.

Une excitation fébrile anima la frégate, comme un exutoire après la nuit d'horreur qu'ils venaient de traverser. La préparation de la manœuvre et la perspective de mouiller bientôt au calme dans le lagon de l'île malfaisante pour secourir leurs camarades leur faisaient oublier que des dizaines d'entre eux s'étaient probablement déjà noyés là-bas.

Le vendredi 13 juin 1788 à deux heures et demie de l'après-midi, l'*Astrolabe* se présenta devant une passe du récif de Vanikoro, en remorque de sa chaloupe, portée par un léger courant de flot. À trois heures et trente-cinq minutes du matin, heure de Paris, la frégate fut prise par une risée qui la déporta sur la droite. Une onde de houle résiduelle la poussa en avant, souleva son étrave et enfonça sa poupe de quatre pieds. Elle talonna violemment sur le pâté de corail balisé en abord du chenal. La mèche du gouvernail défonça la voûte d'arcasse et fit éclater le bordage autour de l'étambot. L'*Astrolabe* s'enfonça rapidement par l'arrière, et se posa en douceur sur le lit de corail peu profond, toute droite, le faux-pont à quelques pouces au-dessus de la mer. En apparence intacte, mais sa poupe à l'architecture complexe irrémédiablement éclatée, la frégate était perdue.

L'expédition Lapérouse entra dans le grand mémorial de la mer.

Le blessé ouvrit les yeux et balaya la chambre du regard. Il s'arrêta un instant sur le chirurgien major et poursuivit son inspection. Avec sa barbe de trois semaines plantée de poils blancs, son énorme pansement le faisait ressembler à un ayatollah inquiet de la Qibla. Il porta la main droite à sa tempe puis, découvrant son bandage, il fronça le front, en apprécia des deux mains l'ampleur, fit la moue, se lécha les lèvres et referma ses paupières au fond de ses orbites creuses et brunes.

— La tête me fait très mal. Je ne m'y retrouve pas, monsieur Rollin. Aurait-on dérangé ma chambre ? Je ne la reconnais pas. Sinon ma table et mon encrier. Pourquoi a-t-on accroché chez moi la gravure de la mort de Cook devant laquelle M. de Langle aimait tant méditer ? Me croyait-on rappelé à Dieu moi aussi ?

Le chirurgien-major qui s'était assoupi sur un pliant, accoudé à la table, sursauta et se précipita vers le lit de camp.

— Dieu soit loué, monsieur ! Vous êtes revenu. Quand ils nous ont lapidés, une pierre de fronde vous a défoncé le crâne. Votre commotion cérébrale est consécutive à un enfoncement avec fracture du pariétal droit. On vous a transporté dans le coma à bord de l'*Astrolabe*.

— Et pourquoi pas à bord de ma *Boussole*, monsieur Rollin ?

— L'*Astrolabe* étant meilleure marcheuse, nous avons décidé en conseil réuni dans l'urgence de vous conduire au plus vite à l'île de France pour y être soigné.

Lapérouse cherchait son souffle avec difficulté, l'haleine âcre.

— Vous aviez une idée absurde. C'est évidemment hors de question. On me reconduira aussitôt sur la *Boussole*. Avons-nous des pertes ?

Rollin hocha la tête, le regard ailleurs.

— C'était en effet une idée absurde, monsieur. Une idée que nous avons eu probablement grand tort d'avoir.

Il revint à son patient.

— Du point de mouillage de l'*Astrolabe*, M. de Clonard pouvait heureusement nous suivre à la lunette. Il a dispersé les Kanaks au canon quand il a compris qu'ils nous attaquaient. Vous avez été le plus gravement atteint avec trois hommes de la *Boussole* qui assistaient M. Bernizet dans son relevé topographique de la baie. Ils ont rejoint leur canot sous une volée de pierres et ont souffert de graves contusions. Nous les avons pris à bord avec vous. Ils sont hors de danger mais l'un des contremaîtres, Gaudebert, a perdu un œil. L'ingénieur est seulement consterné d'avoir abandonné à ses poursuivants son meilleur graphomètre. – Il suggéra des deux mains un triangle au-dessus de sa tête. – Et son chapeau chinois de Macao qui l'abritait si bien du soleil.

Le chef d'escadre souleva ses bras dans un geste de fatalité.

— Les ordres formels de Sa Majesté sont de ne pas canonner les naturels. Cela dit, je ne cesse de répéter que les doux peuples insulaires des philosophes de cabinet sont en réalité des sauvages voleurs et sanguinaires. Nous en avons eu trop de preuves.

— Il est clair que les peuples de la Nouvelle-Calédonie sont plus agressifs que ceux que le capitaine Cook et nous-mêmes avons rencontrés dans cette région du Pacifique. J'ai achevé de mettre au net mes notes sur les habitants des îles des Amis et sur les aborigènes de la Nouvelle Hollande mais je manque d'observations pour arrêter un jugement impartial sur les Mélanésiens.

Le chirurgien-major s'était laissé distraire par sa passion pour l'étude des peuples sauvages. Il se reprit.

— Nous avions décidé de profiter de l'abri de la baie Graciosa pour transférer les collections d'histoire naturelle à bord de l'*Astrolabe*, rééquilibrer les équipages et les officiers et redistribuer les vivres. La frégate vous conduirait vers l'hôpital du Port Louis, et la *Boussole* achèverait seule la mission autour de la Nouvelle Hollande aux ordres de M. de Clonard, avec les savants et les artistes. J'ai embarqué sur l'*Astrolabe* pour vous soigner. Mon confrère M. Lavaux est passé sur la *Boussole*. Caraurant votre domestique est à bord ainsi que votre cuisinier.

Lapérouse afficha une moue admirative.

— On a même eu l'attention, en transportant mes hardes, de me donner Bisalion. Mon Béarnais et mon Dauphinois. C'était habilement conçu pour écarter en douceur le malade de la tête. Pourtant, n'avez-vous pas déjà trépané avec succès M. Lavaux après l'agression de Tutuila ?

Il fronça les sourcils dans un visage concentré, analysant l'environnement.

— Notre immobilité signifie que nous ne sommes pas en mer. J'ai arrêté que nous resterions cinq jours en Nouvelle-Calédonie quand nous sommes entrés dans le lagon. Ai-je dormi longtemps ?

Le médecin baissa les yeux, puis chercha le regard de son commandant, et parla lentement, en détachant les mots :

— Nous avons quitté en hâte la baie du Roi Louis. Un rassemblement de canots de guerre kanaks nous a incités à lever l'ancre et à entreprendre sans plus tarder le levé sous voiles de la côte Ouest de la Nouvelle-Calédonie. L'attaque a eu lieu le 26 mai. – Il marqua une pause. – Nous sommes le 21 juin.

Le chef d'escadre écarquilla les yeux.

— Près d'un mois ! Par quel prodige ai-je pu rester inconscient si longtemps ?

Il se tut mais fut repris très vite par sa préoccupation de conducteur de l'expédition maritime.

— J'infère donc de cette tranquillité de la frégate que nous serions mouillés dans la baie Graciosa. Comment avons-nous trouvé les naturels ici ? Ils sont aussi des Mélanésiens. Sont-ils plus accueillants que les Kanaks de la baie du Roi Louis ?

Le chirurgien-major se racla la gorge.

— C'est à dire, monsieur, que nous ne sommes pas à l'île de Santa Cruz de Mendaña.

Lapérouse fronça les sourcils, retrouvant l'air autoritaire qui lui était familier quand quelque chose n'allait pas selon sa pensée.

— Nous avons abordé une île inconnue à une journée de route de l'île de Santa Cruz. Les Kanaks la nomment Vanikoro.

— Une relâche inopinée, monsieur Rollin ? Mais que faisons-nous là ! Le temps nous presse extrêmement, vous le savez. On a contrevenu dans mon dos aux ordres du roi. Qu'avons-nous à faire d'une île de plus ou de moins dans le Pacifique ! C'est insensé.

Il s'était relevé sur les coudes, et fixait le chirurgien d'un œil furieux. Rollin le prit doucement aux épaules et le força à se poser sur l'oreiller.

— Modérez-vous, monsieur. De grâce, sur votre vie. Votre blessure à la tête est très préoccupante. Le risque d'hémorragie cérébrale reste extrêmement grand. De toute façon, vous êtes d'une telle faiblesse que vos jambes ne vous porteraient pas. Je suis navré de vous apprendre que l'*Astrolabe* s'est jetée sur une barrière de corail. Nous sommes échoués.

Le chef d'escadre redressa à nouveau son buste, grimaça de douleur et se laissa retomber en arrière. Désemparé, il garda le silence, ne quittant pas Rollin des yeux. Brusquement, il repoussa des deux mains le drap qui le recouvrait jusqu'au buste et fit mine de se lever mais il retomba à nouveau. Ses doigts d'ivoire aux ongles longs agrippèrent le drap.

— Échoués ! Que M. de Clonard vienne me rendre compte aussitôt des circonstances de cet incident imbécile et de ses manœuvres pour nous remettre à flot. La *Boussole* est donc maintenant à M. de Monty je suppose, puisque vous m'avez démonté de mon commandement en m'emballant comme une momie. Je présume que mon second a pris de bonnes dispositions pour nous porter assistance selon les intentions du roi. C'est un excellent officier, lui.

Le chirurgien-major baissa les yeux sur les boucles de ses chaussures et respira un grand coup.

— Nous avons de l'eau jusqu'au faux-pont et la *Boussole* est perdue, monsieur.

Le regard de Lapérouse se chargea de fureur.

— Perdue ! Mes ordres permanents sont que les frégates ne se perdent jamais de vue selon le désir de Sa Majesté. Mais quel désordre dans la division ! Appelez-moi immédiatement M. de Clonard.

— Je veux dire perdue corps et biens. Sauf six survivants. Et vous, monsieur, grâce à Dieu. Vos deux frégates ont sombré, monsieur. La division est naufragée. L'expédition du roi n'est plus.

Un grain tropical martela la dunette au-dessus de leur tête. Le crépitement familier de la pluie rompant le silence qui régnait dans tout le bord réveilla une apparence de vie alentour, comme un espoir de futur après la catastrophe. Lapérouse avait perdu connaissance. Le chirurgien major prit son pouls, hocha la tête et fut secoué de sanglots derrière ses mains.

— Mon Dieu ! Pourquoi nous avez-vous laissés altérer son destin ? Il allait vers une mort glorieuse. Elle l'a épargné pour mieux lui faire assumer seul tout le poids d'un désastre.

On nommait à Versailles l'Hôtel de la Paix par antonymie, parce qu'il jouxtait l'Hôtel du ministère de la Guerre. Les deux immeubles de briques et de pierres de taille avaient été érigés l'un et l'autre sur l'ancien potager royal, pour regrouper les bureaux épars des ministères sensibles à proximité du château. Le jeudi 16 octobre 1788, un visiteur franchit sur les onze heures son porche surmonté des effigies de la guerre et de la paix conjointement victorieuses, flanqué de pilastres honorant la monarchie, le commerce et les parties du monde. Ignorant l'enfilade de salons des affaires étrangères, il escalada d'un pas élastique le grand escalier, passa au premier étage le commerce et les colonies, et atteignit, au second, le département de la marine. S'appuyant des deux mains sur le bureau des huissiers, il leur déclara d'un ton impérieux que récusait une mimique forcée, que Barthélemy de Lesseps, vice-consul de Petersbourg arrivant de Petropavlovsk à travers le Kamtchatka, demandait à être reçu par le comte de Fleurieu. Les hautes fonctions dont il faisait état, sa désinvolture, son visage tanné et les toponymes imprononçables d'où il prétendait arriver encadraient d'un halo confus les cheveux blonds bouclés d'un jeune homme bien mis d'une vingtaine d'années. Les huissiers n'eurent pas le temps d'analyser ces contradictions, car sitôt prévenu, le directeur des ports et arsenaux bondit de son cabinet et serra le visiteur dans ses bras.

— Lesseps ! Sain et sauf. Quel soulagement ! Nous étions torturés de vous imaginer quelque part dans la Sibérie.

L'officier se recula à bout de bras.

— En fait, nous disputions plutôt sur votre acceptation d'assumer cette épreuve au-dessus de l'humain. Nous l'avions imaginée quand vous avez été inscrit sur les rôles comme interprète de russe. C'était dans l'euphorie du grand projet, mais nous pensions depuis que c'était déraisonnable.

— Dire que je passais par là par hasard, apportant de Moscou les dépêches du comte de Ségur. Quelle chance en réalité d'avoir vécu cette aventure autour du monde. La remontée du Kamtchatka en traîneau à chiens aurait été impossible sans l'amitié vigilante du colonel Casloff, gouverneur d'Okhotsk. Après cela, la Sibérie fut une formalité. Mais il est vrai, monsieur, que retrouver l'Europe civilisée et maintenant Versailles après une course de quatre mille lieues me cause une euphorie à laquelle je ne m'attendais pas.

— Vous nous direz tout cela. La cour sera folle de vous.

— Je vous apporte le journal de M. de Lapérouse de Macao jusqu'à Saint-Pierre et Saint-Paul, d'où il a appareillé cap au sud le 30 septembre, voici un an à quelques jours près. Nous avions eu la joie d'apprendre par les dépêches arrivées juste la veille que le ministre avait élevé le comte de Lapérouse au rang de chef d'escadre. J'ai aussi les minutes des cartes des côtes de Tartarie que l'on m'a confiées comme le dépôt le plus précieux de notre campagne. Mes paquets ont encore des lettres pour vous et pour le maréchal de Castries. Pourrai-je lui présenter mes devoirs ?

Fleurieu se rembrunit. Il invita du geste son visiteur à s'asseoir, et passa derrière son bureau.

— Le marquis de Castries n'est plus en fonction. Il s'est passé beaucoup d'événements ici depuis votre départ de Brest. La guerre d'Amérique a été un gouffre financier, et l'on a reproché à la marine le plus gros des dépenses.

— Mais pour quels succès !

— Sans doute. Le maréchal a mis tout son zèle à donner aussitôt à nos vaisseaux les moyens de ravir l'Atlantique aux Anglais. Disons que, comme son prédécesseur Sartine, il ne s'est pas encombré d'orthodoxie budgétaire et que, comme lui, il a dû démissionner.

— Les officiers de plume ont une redoutable capacité de nuisance.

— Nous en sommes tous convaincus, mais le résultat est là. M. de Castries a été contraint de se retirer l'année dernière sous la pression de Calonne. Le ministre le chargeait de la ruine de nos finances. Et puis Calonne a été poussé lui-même à la démission. Les caisses sont vides,

Lesseps. L'État en faillite ne rembourse plus ses créanciers. Le roi a rappelé Necker.

— Mon Dieu ! Nous ignorions cela là-bas, dans la bulle de notre quotidien égocentrique.

Fleurieu esquissa du dos de la main un geste de rejet.

— M. de Lapérouse avait trop de soucis pour que je l'encombre des nôtres dans mes lettres. Au moins conduit-il l'expédition dans la sérénité. L'agitation de la France est préoccupante. Les campagnes grondent, les villes sont en effervescence jusqu'à l'émeute, le Parlement est en guerre contre le roi. La fronde a même gagné le clergé. Le Trésor a le besoin urgent de plus de deux cents millions. Les banquiers renâclent à prêter encore à l'État. Malgré sa réticence, le roi a été contraint de convoquer les états généraux pour le mois de mai, afin de les rassurer.

Lesseps écoutait, atterré, l'un des plus brillants officiers de la marine, un acteur majeur de sa rénovation scientifique, technique et administrative, lui raconter l'état désespéré du royaume.

— Et je débarque joyeux à Versailles, pensant faire sensation. Sa Majesté a mille autres affaires en tête.

— Détrompez-vous. La cour est insouciante. Il y est malséant d'évoquer les sujets qui fâchent. Le roi est bien plus malheureux des billets anonymes ignobles qui salissent la reine. Il s'est réfugié dans la chasse, et il s'inquiète presque chaque jour des nouvelles de l'expédition. La dernière dépêche de Lapérouse était datée de Manille le 8 avril de l'an dernier.

Le capitaine de vaisseau Claret de Fleurieu était en charge des opérations de la marine. C'est à ce titre qu'il avait préparé l'expédition, avec d'autant plus de passion que, membre de l'Académie de marine, il était l'un des expérimentateurs des horloges et des nouvelles méthodes de mesure de la longitude. Une véritable amitié le liait aux commandants des deux frégates. Il se leva et alla se placer, les mains croisées derrière le dos, devant une carte du Pacifique en trois parties piquée sur un chevalet. Lesseps avait reconnu les documents cartographiques préparés pour l'expédition, dont Lapérouse et Fleuriot de Langle avaient reçu un jeu. L'hydrographe Buache de La Neuville y avait porté toutes les explorations antérieures depuis les Espagnols jusqu'à celles de Cook, faisant le point des connaissances et des lacunes. Il fit jouer du doigt un petit volet de papier recouvrant le tracé de la côte Ouest de l'Amérique du Nord.

— Vous voyez ? Nous avons reporté vos découvertes là où il n'y avait encore qu'un trait hypothétique. Après, nous ne savons rien. Je suis certain que Lapérouse a pris une décision réfléchie, mais depuis qu'il a inversé le parcours de sa campagne – il fit courir rapidement son index sur la carte – j'ai un peu de mal à le suivre au fil de ses dépêches qui me parviennent quand il est déjà à l'autre bout du Pacifique.

L'officier, qui parlait de dos, pivota sur ses talons.

— Maintenant que les frégates sont entrées dans le Pacifique Sud occidental, elles n'ont plus d'espoir de rencontrer des navires européens. Peut-être à Botany Bay. Nous savons qu'une flotte britannique a appareillé de Portsmouth en mai de l'an dernier pour y installer une colonie. Il se peut que nos frégates l'aient rencontrée. Vos dépêches et votre récit de vive voix seront sans prix.

L'envoyé de Lapérouse fut reçu dans l'après-midi par César-Henri de la Luzerne, comte de Beuzeville, nouveau secrétaire d'État à la marine et aux colonies. Sur la suggestion de Castries, le lieutenant général des armées avait été rappelé des Antilles, où il gouvernait les îles Sous-le-Vent. Les marins appréciaient peu ce mousquetaire qui semblait avoir été choisi par défaut. Dans le même temps, Fleurieu s'était rendu au palais pour informer le roi de l'arrivée du messager. Il en revint réjoui.

— Comme je l'espérais, Sa Majesté vous recevra dès demain. Vous lui apportez une grande satisfaction dans sa morosité.

— C'est un immense honneur. Que dit le protocole quant à mon habit pour être présenté au roi ?

— Bonne question, Lesseps. Pour l'édification de la cour et du dauphin, Sa Majesté la reine m'a fait savoir qu'elle vous attend dans le vêtement qui vous a permis de traverser indemne le Kamtchatka et la Sibérie. Vous espériez faire sensation m'avez-vous dit ?

Lesseps éclata de rire.

— Vous me faites marcher, monsieur. Ma pelisse d'ours n'en peut plus, et mes bottes en loutre de mer sont à l'agonie. Quant à ma veste et à ma culotte en loup, elles sentent fort à faire tomber les mouches.

— Raison de plus. C'est un ordre de la reine, monsieur le vice-consul. Revenez demain avec vos paquets sur les quatre heures après-midi. Vous apporterez aussi vos hardes. Vous vous habillerez ici en Kamchadal. M. de la Luzerne nous emmènera au palais dans son coupé. Cela évitera de faire sonner le tocsin sur votre passage. À demain, Lesseps.

Brest s'agita dès le début de l'année suivante, car les modalités d'élection de députés bretons aux états généraux étaient contraires à la constitution de la Bretagne, et très défavorables à la représentation de la ville. En juin 1789, dans les arsenaux de Toulon et de Brest en insurrection, les ouvriers pillèrent les magasins de vivres. Le dimanche 12 juillet, le bruit du renvoi de Necker agita Paris, et la charge d'un détachement de dragons et du Royal-Allemand transforma l'agitation sourde en fièvre. Le lendemain à l'aube, le tocsin se mit à sonner de tous les clochers des paroisses. Les octrois de la barrière des Fermiers généraux brûlaient tout autour de la capitale. Partout, on cherchait des armes, après avoir vidé l'arsenal. Un cri traversa la section des Quinze-Vingt : *Au garde-meuble !* Conservatoire du Trésor royal et dépôt du mobilier des résidences royales, le garde-meuble s'était installé vingt ans plus tôt, côté Tuileries, derrière l'une des deux colonnades érigées en fond de décor de la nouvelle place Louis XV[1], sur les plans de Jacques-Ange Gabriel de Mézières, directeur de l'Académie d'architecture. Ses cours intérieures logeaient les commissaires, les secrétaires, les inspecteurs, le médecin et le chapelain, des ateliers où travaillaient ébénistes, tapissiers, doreurs, orfèvres et armuriers, une lingerie, des remises et des écuries. Il était confié à Marc-Antoine Thierry, colonel au Dauphin-Dragons, et l'un des premiers valets de chambre du roi. Fraîchement anobli, il venait de faire ériger en baronnie son acquisition de la Ville-d'Avray.

Pour limiter les dégâts, les émeutiers furent conduits courtoisement à l'armurerie par la voie la plus directe du grand escalier. La plupart des reliques du cabinet des armes ne pouvaient être d'un grand secours pour abattre le régime, mais l'on se disputa en échangeant quelques horions épées historiques, cuirasses incrustées d'or, fusils et dagues de chasse, arcs et flèches amérindiens. Deux petits canons en argent damasquiné offerts par le roi Naraï de Siam lors de l'échange d'ambassades avec Louis XIV furent emportés par la troupe burlesque qui s'éloigna vers la place de Grève dans ses armures de carnaval. Le garde-meuble fut encore visité quatre fois le même jour par des groupes excités. Vers dix heures du soir, la suggestion applaudie de mettre le feu à ce symbole royal fut écartée de justesse par l'objection véhémente d'un émeutier en haillons : *Arrêtez, Citoyens ! Tout ici appartient à la Nation !* Un procès-verbal signé *Du Bois, ce seize Messidor, l'an deuxième de la République, une et indivisible,* apprit plus tard qu'un *canon de modique*

1. L'actuelle place de la Concorde.

calibre damasquiné en argent, monté sur bois d'acajou enlevé du garde-meuble par les citoyens de la Section des Quinze-Vingt Faubourg Saint-Antoine, a servi à couper les chaînes du pont-levis de la ci-devant Bastille.

Quand les femmes marchant sur Versailles les 5 et 6 octobre contraignirent la famille royale à revenir aux Tuileries, les secrétaires d'État durent réfugier leurs bureaux à Paris. Le comte de la Luzerne entretenait d'excellentes relations avec Thierry de la Ville-d'Avray. Le contrôleur général des meubles de la couronne offrit l'hospitalité du garde-meuble au secrétaire d'État à la marine. M. Thiébault, Lemoine de Crécy, garde général des meubles, et Villeneuve, l'un des inspecteurs, furent atterrés de devoir céder dans l'instant leurs appartements sur la rue Royale à l'envoyé du ministre. Une ordonnance de Louis XVI transféra officiellement le 26 décembre la marine au garde-meuble.

L'attaque eut lieu le 12 mars 1790, un peu avant la méridienne.

Des migrants colonisaient de temps immémorial la partie orientale de Vanikoro où ils avaient fondé des villages. Ils venaient de l'île de Tikopia, à deux ou trois journées de mer au vent. Un volcan surgi de la ceinture de feu du Pacifique le long de laquelle s'affrontent des plaques tectoniques, écailles d'une Terre dont le cœur est encore en fusion. Son cratère occupé par le lac Te Rioto laisse peu de surface habitable sur cette grosse cacahouète entourée d'un mince lagon. Elle abritait une communauté polynésienne tellement à l'étroit qu'elle étranglait les enfants mâles à partir du troisième. Un tropisme des peuples océaniens les poussant à essaimer sous le vent, les Tikopiens avaient trouvé un espace d'expansion dans l'île la plus proche, un volcan aussi mais plus grand et moins peuplé. Ils étaient des Maori incrustés en Mélanésie. Leurs cultures étaient incompatibles. Par exemple, les Polynésiens cassaient la tête des êtres venus de la mer au titre d'esprits malfaisants. Les Mélanésiens, au contraire, comme en témoignaient les habitants de Païou, recevaient avec gratitude les envoyés du pays des ancêtres. La haine entre les deux communautés était mortelle et ancestrale.

Ils préparaient l'observation quand on entendit les conques du côté de Païou.

— Voyez, monsieur le comte, cria Caraurant, toute une flotte arrive là-bas.

Le lagon, au-delà de la rivière, s'était couvert de pirogues. Elles naviguaient en deux groupes, l'un, près du récif, allait sans doute vers l'épave de l'*Astrolabe*. L'autre, gros d'une trentaine d'embarcations mues chacune par une dizaine d'hommes, s'approchait le long du rivage.

— Puisqu'ils vont aussi vers l'*Astrolabe,* il est sûr qu'ils ne viennent pas seulement faire la guerre aux gens de Païou. Ils s'intéressent surtout au fer et à nos trésors dont ils sont frustrés. Le canon en position. Vite ! Caurarant, sortez les fusils, les balles et les poires à poudre.

Les Tikopiens peints en noir de guerre avançaient à la pagaie, derrière un grand canot à une vingtaine de rameurs, dont la poupe ornementée se redressait à la verticale. Uaïla, le chef des Tanema, se tenait debout, coiffé d'un casque en plumes rouges, à la manière du casque à cimier qu'ils avaient vu sur la tête d'un chef de Mowée aux Hawaï. La flottille s'immobilisa en silence à quelques encablures.

— Qu'attendent-ils ? demanda Lapérouse.

— Que les guerriers de Païou soient prêts à les affronter de bonne guerre, répondit Rollin.

— Ah bon ? Ils seraient meilleurs joueurs que les Anglais ?

— Vous voyez, monsieur, que les cannibales peuvent avoir le sens des valeurs.

Derrière eux, le village était en effervescence. Les femmes partaient vers la montagne en pressant les enfants. Les hommes arrivaient en courant à la rivière, peints eux aussi en guerre, toutes parures de nacre et dents de cochon sorties, casse-tête et frondes à la ceinture, roulant des yeux terribles. Le chef Aïo étrennait le casque de dragon offert en cadeau conciliatoire le jour de leur débarquement. Les ignorant, les guerriers se massèrent sur la berge, entre l'enclos et la plage, appuyés sur leurs arcs. Il semblait que c'était là, à l'embouchure de la rivière frontière, que devrait avoir lieu le combat. La marée était basse, et le cours d'eau était franchissable à pied.

— Écoutez-moi. Nous attendrons que les hostilités soient déclarées puisque cela semble dans leurs mœurs. Nous ne nous montrerons pas moins civilisés qu'eux. Premier coup de semonce, un boulet sur la pirogue du chef. Ce devra être un coup au but parce que nous n'aurons pas le temps de remettre le canon en batterie. Nous avons quatre fusils. Vous en prenez deux, Rollin, moi les deux autres. Caraurant, vous rechargerez aussi vite que possible.

— Nos coups étant précieux, attendrons-nous qu'ils soient à bout portant pour tirer ?

— Non. Au contraire. Il faut qu'ils aient conscience que nos balles les atteignent plus loin que leurs armes habituelles.

Selon la coutume, le signal de l'attaque revenait aux assaillants. Quand les Tikopiens brandirent leurs arcs dans une clameur atténuée par la distance, un grognement rauque monta sur la rive de Païou, accompagné d'un cliquetis des parures de nacre quand les guerriers commencèrent un piétinement cadencé qui faisait vibrer le sol.

— Feu !

Le coup de canon dérangea le rituel des combats entre clans quand la détonation roula le long de la montagne, semblant en réveiller les esprits. Le boulet ricocha sur l'eau, frôla les têtes de l'embarcation du chef, qui se jeta à l'eau suivi de ses rameurs, et fracassa une pirogue ordinaire juste derrière.

— Manqué, mais je crois que l'effet est suffisant. Maintenant, aux créneaux.

Les pirogues des Maori vinrent s'échouer sur la plage. Les guerriers débarquèrent à grand tumulte et coururent vers la rivière en vociférant.

— On ouvre le feu maintenant, Rollin.

Les Païou attendaient sur leur rive les Tikopiens, qui traversèrent, dans l'eau jusqu'aux genoux, sous une volée de flèches. Une grêle de pierres de frondes martela en retour la palissade, et l'une d'elles vint frapper la cloche, qui tinta d'un son fort et clair. À ce moment précis, Rollin toucha le chef Uaïla qui s'effondra les mains sur le ventre. Les assaillants décontenancés se figèrent, montrant des signes de terreur. Le son jamais entendu du plus lointain des traditions orales avait pouvoir de mort.

— La cloche, Caraurant ! Sonnez !

Sous les tintements frénétiques, les Tikopiens reculèrent pas à pas, les mains sur les oreilles. Le chef Aïo regardait avec inquiétude en direction de l'enclos, pas très rassuré lui non plus, au milieu de ses guerriers indécis.

— Mais qu'attendent-ils pour les poursuivre ? s'écria Rollin.

Le chirurgien déverrouilla fébrilement le portail et Lapérouse le vit courir vers Aïo, brandir son fifre et faire un grand geste du bras en direction de la rivière.

Ce jour-là, qui resta dans la mémoire de Vanikoro, les Païou poursuivirent les Tanema en déroute, emmenés au fifre par la *Hohenfriedberger march.* Quand les Maori survivants eurent rembarqué en désordre en déchargeant leur honte derrière des gestes virils, les Païou retraversèrent la rivière, les têtes fraîchement coupées tenues par les cheveux comme des trophées de chasse. Rollin échangea une accolade à lui casser les vertèbres du cou avec Aïo, et revint dans l'enclos.

La *Hohenfriedberger march* de Frédéric II de Prusse était l'une des trois pièces du répertoire pour fifre du chirurgien, avec la marche d'*Idoménée* de Mozart et une *Scottish march.* Son instrument était un souvenir du combat de l'escadre de Ternay devant le cap Henry. C'était le présent fétiche d'un maître canonnier natif de Plymouth, dont il avait sauvé la jambe droite sur le pont ravagé du *Romulus*, un vaisseau de 44 canons qui venait d'être capturé par la *Gentille* dont il était chirurgien major. Lapérouse supportait d'habitude plutôt mal le caractère répétitif du répertoire de son compagnon.

— Là, vous avez fait fort, Rollin.

— Il fallait décider nos amis, monsieur. Leur faire exploiter leur victoire. La cornemuse et le fifre ont une étonnante capacité d'entraînement. D'autant plus que les espèces de flûtes de Pan dont ils ont coutume de jouer n'émettent qu'un son faible et chuintant. Tout à l'heure, c'était aussi beau que la prise de Yorktown.

— Ne me dites pas que vous y étiez, je ne vous croirais pas. Sauf qu'à Yorktown, les Anglais étaient à l'intérieur, et que leur forteresse est tombée.

— Faute de ravitaillement grâce au succès de l'amiral de Grasse en baie de la Chesapeake. La capitulation de Cornwallis a précipité l'indépendance des États-Unis d'Amérique. Comment oublierait-on ces moments forts ?

Lapérouse et le chirurgien s'étaient rencontrés en octobre 1780 à Newport dans l'escadre de Ternay. Lui commandait l'*Astrée*, Rollin était chirurgien major de la *Gentille*. Le chef d'escadre était le protecteur de Lapérouse, selon une tradition noble de la marine que l'on nommait la fidélité. Il lui devait sa carrière depuis que Ternay, chevalier de Malte, avait été présenté au manoir familial du Gô par un cousin prestigieux, le futur lieutenant général Clément de la Jonquière. Les deux jeunes officiers de vaisseau rentraient de combats navals à travers l'Atlantique. Jean-François de Galaup avait douze ans, l'âge de choisir un avenir. Il allait entrer trois ans plus tard aux gardes de la marine, son rang conforté parmi les officiers « rouges », les nobles, par l'adjonction de la Pérouse[1] au patronyme

1. On trouvera une note sur l'orthographe du nom du navigateur page 263.

des Galaup. Il avait servi sous les ordres de Ternay à Terre-Neuve. Il était à bord de la *Belle-Poule* qui le conduisait prendre son commandement général des îles de France et de Bourbon, et il en était rentré avec lui. Il commandait l'*Amazone* dans son escadre qui transportait en Amérique l'armée de Rochambeau.

L'amitié de Lapérouse et de Rollin datait de cette époque. Comme celle qui le liait à Fleuriot de Langle, qui commandait à son tour l'*Astrée* quand la division de Lapérouse à bord du *Sceptre* de 74 canons était allée détruire les forts Prince of Wales et York à travers les brumes et les glaces de la baie d'Hudson.

— Dites-vous bien que l'on n'a pas souvent la chance de vivre une révolution. Aujourd'hui, je vous pardonne votre fifre, mais j'apprécierais que vous étendiez votre répertoire. Ou mieux, qu'en bon naturaliste, vous plantiez votre instrument dans le sol tellement fertile, pour voir s'il prend racine. C'est du buis, n'est-ce pas ? Vous savez dessiner, Rollin. Pourquoi ne vous mettez-vous pas au paysage comme M. Blondella ? J'apprécie les arts silencieux.

— Je vous promets d'y songer, monsieur. Pour l'heure, je vais proposer mes services au village. Quelques hommes vont avoir besoin de moi.

Ce n'était plus le canon de six livres qui protégeait leur camp. À l'issue d'un conseil des hommes, une figurine de quatre pieds de haut fut plantée dans le sol devant l'entrée de l'enclos des esprits blancs. Modelée en fibre végétale, en argile et en toile d'araignée autour d'un pieu de bois, badigeonnée d'ocre et de noir, sa tête aux yeux vides était encadrée de deux dents recourbées de cochon. Elle interdisait de ses deux bras levés, doigts écartés, d'approcher de la source tabou du son venu de l'au-delà de la mer. Le chirurgien reçut le surnom de l'Esprit qui siffle la victoire.

À la fin de l'année 1790, la situation se dégrada dans les ports, qui « fermentaient » selon le comte d'Hector, commandant la marine à Brest. L'inaction, l'échauffement des idées faisaient des ravages parmi des équipages travaillés par l'agitation des populations affamées et des ouvriers des arsenaux que l'on ne payait plus. Les agressions verbales et physiques, l'insubordination, le désordre né des disputes sur le droit de commander étaient devenus banals jusqu'à la mutinerie, au point que Bougainville refusa sa nomination de vice-amiral, *un titre sans fonction quand la discipline militaire, cette discipline sainte sans laquelle ne peut subsister une armée navale surtout, est anéantie.*

Quand la Luzerne démissionna en octobre devant *l'esprit d'indiscipline général,* le roi confia le secrétariat d'État à la marine au capitaine de vaisseau Claret de Fleurieu. Malgré les désordres graves, la marine entra en douceur en Révolution. L'admission aux gardes n'exigeait aucune condition de noblesse, mais on sélectionnait au concours les meilleurs candidats. Parce que la marine avait besoin de leurs vocations, le corps des officiers de vaisseau était ouvert aux fils de négociants en gros, armateurs et capitaines marchands, et d'une façon générale, aux fils de gens n'exerçant pas un métier manuel. Un grand nombre du millier d'officiers subalternes étaient roturiers, et les carrières de Jean Bart, Duguay-Trouin ou Duquesne témoignaient de la modernité sociale de la marine royale.

La plupart des quelque seize cents officiers constituant le grand corps ne s'étaient pas engagés d'abord dans le combat idéologique, et peu avaient émigré tout de suite. Une centaine d'officiers de la première vague d'émigration avaient été tués lors du débarquement contre-révolutionnaire avorté de Quiberon, et une trentaine d'officiers s'étaient rangés du côté des révolutionnaires. Les quinze cents autres avaient continué de servir dans la légalité, le plus grand nombre observant les événements sans trop d'états d'âme, initiés pour la plupart à la philosophie libérale des Lumières. La moitié des membres des loges brestoises de l'*Heureuse Rencontre* et des *Élus de Sully*, dans l'obédience du Grand Orient de France, étaient des officiers de marine. Tous pensaient confusément que l'immense prestige acquis par la marine en Amérique et dans l'océan Indien, et sa spécificité technique lui épargneraient les tumultes d'une affaire purement politique. La marine avait contribué à la fondation d'une nation américaine ouverte aux libertés et soucieuse des droits de l'homme. Révolution ou pas, leur ennemi était l'Anglais.

Comme pour les conforter dans cette idée, l'Assemblée nationale avait reconnu après un débat féroce la légitimité du refus des marins d'amener sans combat le pavillon qu'ils avaient maintenu avec honneur sur les mers. La flotte avait obligé l'Angleterre à plier devant son pavillon blanc. Le drapeau tricolore dont le roi portait la cocarde fut réduit au quartier supérieur du côté du mât. Le décret du 21 octobre 1790 venait d'adopter à la mer un pavillon de compromis : *Le pavillon national de France conserve la couleur blanche dans les trois quarts de sa surface.*

La saison des pluies

Elle emplissait le paysage comme un élément principal du décor. L'effet de la mousson se faisait sentir à Vanikoro, et la pluie durerait comme chaque année jusqu'en mars. L'averse était puissante, tiède et déterminée. Elle ne fouettait pas, elle ne cinglait pas, elle n'indisposait personne, ni l'air auquel elle se mélangeait sans le bousculer. Elle se déversait depuis un mois avec fatalité, par routine, parce qu'il fallait bien purger le ciel avant qu'il s'effondre sur le mont Popokia, perdu à mi-hauteur dans le plafond de nuages. L'eau du ciel avait tout le temps de tomber encore et encore sur Vanikoro, avec une autorité tranquille, jusqu'à la fin des temps.

Ils vivaient avec le jour et soupaient quand tombait la nuit, au moment où s'éparpillaient les vols criards des chauves-souris. Ils s'étaient imposé le principe de repas à heures fixes, et de rendez-vous ponctuels, mais ils savaient bien que leurs montres de gousset suggéraient depuis longtemps une heure approximative. Ils les recalaient chaque midi à la culmination du Soleil, et se reprochaient mutuellement le reste du jour d'avancer ou de retarder insupportablement.

Il faisait extrêmement chaud, et le temps lourd tournait à l'orage, comme presque chaque soir. Ils étaient allongés sur deux fauteuils de varangue comme on disait à l'île Bourbon, des chaises longues cannées dont les bras en ébène se terminaient en têtes de dragons gueules ouvertes, témoins du confort oublié de la frégate après son escale à Macao. L'étroit plancher en estrade ceinturant le *Muséum* était abrité de l'averse par des larges palmes de sagoutier qui couvraient la case et la débordaient en auvent. Le bruit de la pluie dégoulinant en cataracte sur la flaque de la rigole qu'elle avait creusée jour après jour à l'aplomb du bord du toit était assourdissant, mais ils s'y étaient habitués. Rollin jouait comme souvent la marche d'*Idoménée*. Le chef d'escadre ne protestait même plus.

Le soleil déclinant perça sous le manteau de nuages et illumina d'un coup par transparence la lame d'eau, comme la paroi vitrée d'une véranda. La case sur de courts pilotis qu'ils appelaient le *Muséum* abritait les herbiers, la collection d'insectes, les coquillages, les échantillons minéralogiques, les poissons séchés, de curieuses bestioles conservées dans le formol, les cahiers de dessins et les lavis du lieutenant de vaisseau Blondela. Rollin y avait ajouté des objets de vie et de culture échangés au cours du voyage avec les Amérindiens et les Orotchys de Tartarie. Lapérouse jugeait cet artisanat affreux et sans intérêt scientifique devant les échantillons d'histoire naturelle. Le tube en laiton d'un microscope de Culpeper posé sur son petit tripode de style Louis XV donnait à une table de travail encombrée de boîtes en carton et de plantes en cours d'examen une allure de laboratoire.

Les gros ouvrages de la bibliothèque scientifique et les trente-six volumes de l'édition de Lausanne et de Berne de l'*Encyclopédie* étaient rangés sur des étagères le long de la paroi du fond. Aïo, le chef de Païou en visite protocolaire, qui avait éclaté de rire devant des lézards en bocaux en faisant le geste de les manger, avait demandé avec curiosité pourquoi ils n'avaient pas déposé ici les crânes de leurs compagnons. Et si ces choses d'une texture étrange qui n'était pas du tapa, le tissu d'écorce commun à tout le Pacifique, rangées les unes contre les autres, étaient les tablettes des esprits des marah. Le chirurgien lui avait confirmé qu'ils étaient en effet des passeurs de sagesse, et cette analogie avait contribué à la normalité de leur acceptation par les clans du village.

Autour du *Muséum*, des arbustes destinés au jardin d'acclimatation de l'hôpital maritime de Brest et au jardin du Roi avaient été sortis de leurs paniers en osier et replantés en pleine terre, où ils prospéraient depuis trois ans. Les plumets rouges d'une *Banksia ericifolia* rappelaient leur passage à la Baie Botanique. Venu de l'île des Pins en Nouvelle-Calédonie, un grand *Araucaria Columnaris* se dressait comme un signal scientifique à l'entrée de l'enclos.

Faisant face au *Muséum,* la case d'habitation avait été très finement construite, et la délicatesse des ligatures et des coutures de fibres les avait surpris. L'air circulait librement entre la charpente légère du toit en feuille de latanier et le sol de sable fin. Une mezzanine courant sur la moitié de la case était séparée en deux chambres dans lesquelles ils avaient accroché des hamacs. Le rez-de-chaussée leur servait de salle à manger. Caraurant partageait avec son épouse une troisième case, de plus petite dimension, dont le foyer de pierres leur tenait lieu de cuisine.

À partir de la trentaine de cases du village de Païou qui fumaient du côté du lagon, la plaine maraîchère se perdait au loin dans un brouillard de pluie, plantée de cocotiers, d'aréquiers et de bananiers en grand nombre, tachée ici et là de la forme sombre et floue mais impérieuse d'un banyan. Au-delà, passé le terrain défriché où ils avaient inhumé leurs compagnons, des herbes plus hautes qu'un homme et une forêt de bambous s'étendaient jusqu'aux premiers contreforts du Popokia. Là commençait la forêt vierge. Elle escaladait la montagne, qu'elle recouvrait d'un manteau confus griffé par des effilochures de nuages blancs. L'uniformité de la canopée, épousant les creux plus sombres des vallées et des gorges, était ponctuée par le jaillissement des grands kaoris, les seigneurs de la forêt dont certains dépassaient cent pieds. De rares sentiers conduisaient à des chaos rocheux où des cascades et des vasques naturelles dispensaient une eau très agréable à boire. Les hommes évitaient la montagne, et les femmes venues y puiser de l'eau ne s'y attardaient pas. C'était le domaine de Kabinana et de Karvuvu, des génies plutôt facétieux, mais surtout, de l'ogre hideux que l'on entendait hurler certaines nuits, dont aucune expédition guerrière n'avait jamais découvert l'antre.

— Quel jour sommes-nous ?

Le chirurgien posa son fifre à côté de lui.

— Le 20 janvier, monsieur.

— De quelle année ?

— De 1791.

— Ils ne tarderont plus. Nous ne pouvions pas les espérer au mieux avant septembre passé mais le délai est écoulé. Chaque jour nous rapproche de la fin de ce purgatoire. Que j'assume pleinement en officier de vaisseau, Rollin !

Le chirurgien força un peu la voix.

— Que Caraurant assume lui aussi comme simple maître d'hôtel volontaire pour nous servir. Et que j'assume moi aussi, monsieur, si vous le permettez. Pour entretenir la moisson entomologique et végétale que nous avons sauvée du désastre. Même après les investigations magistrales du capitaine Cook et de ses savants, et après la perte de plus de la moitié des collectes, nous rapportons des centaines d'espèces inconnues. Je trouve encore à Vanikoro des spécimens nouveaux de coléoptères qui ne sont pas répertoriés dans le *Species insectorum* de Fabricius.

Lapérouse haussa lui aussi le ton.

— J'entends bien. Sauf que tout officier de marine assumant le commandement par la force des choses aurait choisi comme moi de rester ici, faute d'avoir péri avec nos frégates et nos compagnons. Par principe. Simplement pour l'honneur.

Il poursuivit d'une voix radoucie, soliloquant plutôt qu'il lui parlait :

— Périr volontairement avec son navire. Un geste de défi inutile, expression d'un orgueil démesuré. D'une bravoure absurde. Et dire que saint Pierre n'ouvre pas la porte au héros qui vient de se donner la mort. Encore que saint Pierre accepte sans doute plus facilement d'examiner les suicidés méritant attention que les cardinaux du Sacré Collège. J'en aurais fait autant sans doute. Je ne sais pas. Probablement. De toute façon, je serais mort dans les déferlantes avant d'avoir le loisir d'être courageux si le sort ne m'avait pas été contraire. Ou favorable, c'est selon. Force est de constater que la frégate qui me portait a sombré mais elle n'a pas coulé sous moi. Alors, je suis ici en repentance, retardant de quelques mois l'opprobre de Sa Majesté, la sympathie mielleuse des courtisans exultant de notre gloire manquée, et le jugement glacé du conseil d'enquête.

La pluie se réinstalla autour d'eux.

— Voulez-vous poursuivre à me lire votre journal, Rollin ? Racontez-moi ce que je n'ai pas vécu.

Surpris, le chirurgien ne répondit pas tout de suite.

— Avec plaisir, monsieur. Si vous ne trouvez pas dans mon récit matière à trop de douleur.

Il disparut un instant dans le *Muséum* et en revint tenant sous son bras un cahier épais sous une couverture en vélin renseignée de l'inscription calligraphiée :

Journal de M. Rollin,
Chirurgien ordinaire de la marine

— Où en étais-je, monsieur ?

— Juste après le naufrage, que vous n'avez pas voulu raconter m'avez-vous dit.

— Ah ! J'en étais donc à ce passage :

Le pire, l'inimaginable est survenu dans le coup de vent d'ouest qui s'est abattu follement sur nous. Je ne me suis pas senti capable de rapporter un tel cataclysme. J'ouvre ce nouveau journal d'une plume qui tremble encore.

— Oui. C'était ça.

— Je ne suis pas un marin, monsieur. Je n'ai pas pensé devoir porter un jugement extérieur sur des faits qui me dépassaient.

— Je comprends, Rollin. Allez.

Samedi 14 juin

*M. de Clonard a été à la hauteur de son commandement de la frégate et de son honneur d'officier dès notre échouement. Surmontant sa douleur que nous partagions tous, il est resté d'un sang-froid et d'une fermeté exemplaires. Dès qu'il fut acquis que l'*Astrolabe *était perdue, il a ordonné de la béquiller promptement avec des vergues de rechange pour assurer sa stabilité. Vivres et rechanges sont noyés mais partiellement récupérables. Les quartiers de l'équipage et la majeure partie des collections d'histoire naturelle restent au sec sur l'entrepont. Le commandant a ordonné à MM. Boutin, Blondela et Darbaud de prendre la chaloupe biscayenne et les deux canots pour courir au secours des gens de la* Boussole. *Il m'a prié de les accompagner, au titre de chirurgien major de la division, afin que j'apporte aux blessés les soins que mes moyens me permettraient encore s'il n'était pas trop tard.*

Nous avons poussé sur les quatre heures après midi, et nous avons parcouru à la voile la demi-lieue qui nous séparait de l'épave. À son approche, M. Boutin a fait carguer les voiles et marcher à l'aviron. Des nuages blancs ébouriffés couraient sur un fond de ciel gris opaque. Le récif grondait encore, mais le plan d'eau était lourd d'un profond silence que ne rompait aucun cri, aucun appel, aucun gémissement même, que nous guettions. Des risées balayaient un horrible désordre, révélant l'étendue d'un inimaginable désastre. Mâts et espars brisés, entortillés de cordages et de lambeaux de voiles, fragments arrachés à la coque jonchent le platier sur plus d'un quart de lieue. La frégate a éclaté sur le récif, ne laissant aucun vestige identifiable. Le lagon est encombré de futailles, des caisses, des paniers et des ballots qui abritaient les trésors des collectes d'histoire naturelle, maintenant à la dérive, détritus détrempés et dérisoires d'une œuvre scientifique brusquement ruinée.

En nous rapprochant du rivage, nous avons navigué parmi des cadavres, mutilés certains par les requins, méconnaissables. Nous n'avons pu retenir nos larmes. Ici et là, nos matelots reconnaissaient un maître : Le Fur, François Ropars, Charron, le maître charpentier. Ou un ami : L'Hostis, Gohonnec, Lastennec ou Louis Le Bot. Aucun survivant n'a répondu à nos appels désespérés. La plage étroite était déserte, parsemée d'autres corps, certains déchiquetés. Nous avons vu un crocodile abandonner à notre approche un saccage écarlate, et s'enfoncer tranquillement dans la mangrove, un fragment de chair dans la gueule. Là, régnait déjà l'odeur douceâtre de la mort récente. La tombée rapide du jour sous ces latitudes nous a obligés à rejoindre la frégate, empreints d'une tristesse et d'une horreur infinies.

L'officier semblait dormir, les yeux clos, la nuque posée sur le dossier du fauteuil. Il murmura :

— J'ai vécu un tel carnage à bord du *Formidable*, à la bataille des Cardinaux. Plus de trois cents morts et cent cinquante blessés grièvement, membres arrachés, éventrés, décapités. Les caronades anglaises tiraient à mitraille pour tuer. Quand nous avons amené le pavillon de notre vaisseau rasé jusqu'au pont, l'enseigne qui commandait l'équipe de prise anglaise a vomi devant cette boucherie. J'avais dix-huit ans.

Le chirurgien s'était tu. Il avait refermé le registre, le doigt faisant marque-page.

— Continuez, Rollin.

Dimanche 15 juin

La biscayenne et les canots sont partis dès l'aube, armés en guerre. M. Boutin a reçu l'ordre d'explorer le rivage près duquel on distingue un village d'une trentaine de feux et de nouer un contact d'amitié avec les naturels. Cela établi, il devait rechercher l'emplacement où l'on pourrait établir un camp fortifié pour protéger la construction du bot flamand de dix-huit tonneaux qui est en fagot en soute, et installer l'observatoire. Il devait aussi rechercher un terrain en bordure de la forêt pour y creuser les tombes. J'ai à nouveau accompagné cette exploration en raison de ma modeste expérience du comportement des peuples naturels et de la manière de communiquer avec eux.

Notre exploration rapide du littoral m'a fait comprendre que le village devant lequel nous sommes échoués est établi sur l'une des rares parties de l'île échappant à la mangrove qui rejoint presque partout la forêt vierge, toutes deux impénétrables. En bordure d'une rivière, il s'est installé sur une terre alluvionnaire qui permet ses cultures vivrière d'ignames, d'oignons, de patates douces et principalement de taros.

— Vos digressions sont vraiment malvenues, Rollin. Que viennent faire des oignons dans ce rapport d'une expédition scientifique ?

Le chirurgien referma son journal et se leva.

— C'est le journal personnel d'un naturaliste, monsieur, pas un rapport. Vous m'interrompez tout le temps. Si ma lecture vous importune, voulez-vous que je m'arrête ?

— Surtout pas. Continuez. Vous prenez trop vite la mouche, Rollin. Il va falloir nous supporter encore l'un l'autre pendant quelques mois.

Il était abandonné quand nous avons débarqué – Je parlais du village – *sinon des poules affolées et quelques petits cochons noirs. Des fumées montant des toits de palmes indiquaient cependant que les habitants s'étaient dissimulés dans la forêt. Dans ses profondeurs, on entendait en effet le mugissement de conques marines et des battements de tambours de bois à la sonorité mate et profonde. Après une heure au cours de laquelle nous avions multiplié les appels et les gestes amicaux, une cinquantaine de guerriers armés d'arcs, de sagaies et de casse-tête sont sortis de la forêt. Les naturels de cette île sont noirs de peau. Leurs cheveux crépus sont parfois réunis en masse derrière la tête, coiffée d'un cornet en sorte de fibre de couleur rouge en forme de corne d'abondance. Ils vont nus, sauf une pièce de tissu végétal passant entre les cuisses comme une couche, suspendue à un large ceinturon de végétaux tressés noirs et luisants d'où pend aussi un éventail de palme battant leurs fesses. Leurs bras musclés sont cerclés d'une dizaine de bracelets découpés dans des coquillages et des écailles de tortue dont ils font aussi des colliers et des pendants qui distendent démesurément leurs oreilles. Leurs lèvres, leurs gencives et leurs dents sont rougies, sans doute par l'usage du bétel. Juste au-dessus de cette bouche sanglante, une plume de coq ou un anneau de nacre traverse leur cloison nasale. Nous avons eu brusquement l'impression d'être en présence du roi des enfers et de sa cour.*

— C'est joliment écrit, Rollin. Je vous fais compliment. Même si je vous trouve d'un lyrisme hors de circonstance.

Le chirurgien poursuivit sans prêter attention au commentaire.

M. Boutin offrit à celui qui se présentait avec l'autorité d'un chef une verge d'écarlate, et un casque de dragon que le sauvage posa aussitôt par-dessus sa tignasse d'une façon ridicule. Il afficha pourtant un air de satisfaction, manifestant une grande fierté, approuvée par un grognement dans les tons graves de sa troupe. Sans doute rassurés, des indigènes se sont alors rués sur nos matelots, pour déboutonner fébrilement leurs vestes et arracher leurs chemises. Ils montrèrent bruyamment une grande stupéfaction de leur trouver un ventre de peau blanche contrastant avec nos bras et nos visages hâlés. J'en induis qu'ils avaient constaté déjà ce phénomène sur les corps de nos malheureux camarades noyés, et qu'ils entendaient vérifier cette étrangeté sur des vivants. Notre carnation bicolore semble nous conférer une sorte de caractère surnaturel. Ils répétaient très excités : Marah ! Marah ! en désignant le large. Notre anormalité qui nous apparente à des esprits surnaturels pourrait être l'une des raisons de notre survie, mais je ne me prononcerai pas sur ce point. Notre attaque en Nouvelle-

Calédonie montre que toutes les tribus mélanésiennes n'ont pas cette philosophie.

— Bien tout ça, Rollin. À partir de là, je connais la suite. Sautez jusqu'aux décisions de l'évacuation. Je suis curieux de connaître votre narration.

— Au moins ceci, monsieur, avant de poursuivre. C'est important.

Mardi 17 juin

Nous avons eu la surprise et le bonheur de recevoir six survivants de la Boussole *qui sont tombés dans nos bras ce matin. Il s'agit de Jean Querenneur, pilote du* Conquet, *Guillaume Stephan, Claude Nevin, François Lostis et Jean Faudil, tous les quatre matelots de Brest, et Alain Abgral de Recouvrance. Ils nous ont raconté comment, venant d'échapper à la mort et se croyant sauvés, ils ont évité par miracle de se faire casser la tête par des sauvages sanguinaires.*

— Six seulement ! Sur un équipage d'une centaine d'hommes. Tombés au milieu des Tikopiens à quelques encablures près. Quelle perversité du destin. Aucun officier.

Le chirurgien se contenta de hocher la tête en feuilletant rapidement son journal.

— Je raconte ensuite l'abattage des arbres dans le haut de la rivière pour construire l'enclos protégé et compléter la construction du bot, l'érection de nos cases par les naturels en échange d'herminettes et de pièces de fer, l'évacuation de la frégate et l'installation du *Muséum*. J'en viens donc au vendredi 7 novembre de 1788.

Selon les dispositions prises en conseil après un débat très vif, le bot que nous avons baptisé « l'Octant » et la biscayenne appareilleront dimanche 9 novembre avec tout l'équipage et le canot en remorque. Les seules valeurs en usage à Vanikoro étant les porcelaines cauris et les plumes rouges du cardinal (Myzomela cardinalis) abondant et spécifique de l'île, le reliquat des écus de France, des roubles et des deux mille piastres espagnoles de dotation de la frégate qui ne nous sont d'aucune utilité ici serviront de lest au bot. Cela aidera Sa Majesté à financer l'armement du navire qui viendra nous chercher. Les embarcations rejoindront l'île de France par le détroit de Torres. On a écarté Surabaya, l'île de Timor et les possessions hollandaises de la mer de Florès, ainsi que Guam aux Espagnols et la Baie Botanique. Le désastre de l'expédition française ne pourrait être connu des puissances européennes avant que Sa Majesté en fût informée.

Lapérouse leva la main.

— C'est dès la construction du bateau que nous avons adopté l'option du secret, bien qu'elle entrainât la route la plus longue. L'équipage étant rapatrié, les collections pouvaient attendre. Et nous aussi mais c'est secondaire. Nous avons fait cent fois le calcul. Entre ici et le Port Louis par le détroit de Torres, il y a mille huit cents lieues, parcourues en quarante-cinq jours par l'*Octant* et la biscayenne dans les alizés du sud-est. La mousson était maniable sur la fin de la navigation. Du Port Louis à L'Orient, plus la poste entre L'Orient et Versailles et retour, le navire envoyé de France pour nous libérer par la bienveillance de Sa Majesté a sans doute quitté Brest en mars dernier pour attraper la mousson dans l'océan Indien. Il pouvait nous arriver au plus tôt voici quatre mois.

Il a été entendu qu'en arrivant au Port Louis, nos camarades se diront rescapés du naufrage sur l'île Rodrigues du brick « Mer d'Iroise » d'un nouvel armement de Brest et du Conquêt, en route pour Pondichéry.

Lapérouse l'interrompit à nouveau en se frottant les mains.

— Nous avons été fins, Rollin. L'obstacle était de faire débarquer au Port Louis un équipage natif pour la plupart de Brest, entassé dans deux embarcations, sans soulever des interrogations. C'est Boutin qui a eu l'idée. Il a toujours de bonnes idées. C'est un bel officier qui a bien combattu en Amérique dans l'escadre de La Motte-Picquet. Sa promotion de lieutenant de vaisseau et sa croix de Saint-Louis étaient bien méritées.

— L'affaiblissement de la Compagnie des Indes depuis la Guerre d'Amérique étiole son monopole. Qu'un supposé jeune armateur breton se risque maintenant en Orient avec l'espoir de quelque profit est plausible. Je fais confiance à la discrétion de nos gens. Ils ont prêté serment. Encore que le rhum et les filles délient les langues par surprise, je ne pense pas que notre ruse ait été éventée.

— D'autant plus que personne ne se souvient sans doute à l'île de France qu'une expédition française explore le Pacifique. Sinon bien sûr le gouverneur général qui nous attendait là-bas.

— J'ai mentionné cela, monsieur. Bien sûr.

Le gouverneur général sera mis dans le secret car il lui reviendra d'éluder les éventuelles rumeurs sur la disparition de notre expédition. Les dépêches reçues à la Baie Botanique nous ont informés que la fonction est exercée maintenant par M. de Bruny, chevalier d'Entrecasteaux. Je resterai à Vanikoro pour assurer l'entretien des collections, et je les compléterai par mes propres collectes dans ce paradis de l'entomologie.

— Dans ce quoi, Rollin ?

— Dans ce paradis de l'entomologie. Je vous donne un exemple. Le *Gonatus Naviculata* abonde à Vanikoro. Ce coléoptère plat d'un noir brillant, mesurant deux centimètres et demi, vit sa vie sous l'écorce des troncs pourris.

— C'est paradisiaque en effet.

— Attendez. Savez-vous qu'il présente la particularité de se plaire en famille et de communiquer par un langage conventionnel avec sa progéniture ? Ces êtres minuscules qu'aucun regard n'accroche sinon celui des naturalistes participent à la démonstration de l'humanisme de la France.

— Pardon ?

— Oui. Puisque le roi de France est capable d'envoyer des frégates au bout du monde pour étudier un *Gonatus Naviculata*.

— Sans vous faire de peine, Rollin, je ne suis pas certain que Sa Majesté soit anxieuse d'avoir des nouvelles de votre coléoptère bavard.

— Pas prioritairement j'en conviens, mais nos travaux sur les sciences naturelles rapportent du réel. Du vivant. Nous avons vainement cherché en Alaska le supposé passage maritime à travers l'Amérique jusqu'à la baie d'Hudson, qui n'est qu'un mythe. Moi, je mets au net mes observations sur les coléoptères endémiques, et je rédige un mémoire sur l'herboristerie médicinale de Vanikoro. Après une hostilité farouche, le dispensaire que j'ai ouvert à Païou m'a mis en confiance avec Outaïka, le vieux diseur de mémoire. C'est pour moi une chance exceptionnelle. Il sait les vertus des plantes. Ses connaissances sont étonnantes. J'espère qu'elles serviront un jour la pharmacie.

Le chirurgien-naturaliste ne précisait pas qu'il herborisait quelquefois en compagnie d'Aé, une petite-nièce d'Outaïka, censée le guider vers des plantes rares, mais pas seulement. Les mœurs de la communauté appréciaient qu'un jeune homme soit initié grâce à l'expertise d'une femme âgée, voire vieille. Il était normal inversement, voire conseillé, qu'une jeune fille nubile ait sa première relation sexuelle avec un homme plus âgé qu'elle, mais les convenances voulaient qu'il ne le soit pas trop. Rien ne l'interdisait cependant, comme le tabou qui frappait les rapports frère-sœur. D'ailleurs, l'âge du marah bicolore était incertain, et les femmes l'évaluaient plutôt jeune que vieux. En tout état de cause, les rencontres entre célibataires « sous les palmiers », selon l'expression, n'engageaient pas les partenaires et contribuaient à l'harmonie sociale de Vanikoro.

Un éclair claqua sur la cime d'un banyan tout proche. Le coup de tonnerre alla rouler sur la montagne, semblant accompagner l'indignation de Lapérouse. Ils traînèrent leurs fauteuils à l'intérieur, bousculés par une bourrasque de vent et de pluie drue. Les clans se réfugièrent dans la maison des hommes, pour tenter de rappeler le chef des esprits, parti déchaîner sa colère au sommet de la montagne.

Deux jours plus tard, de l'autre côté de la Terre, la Société d'histoire naturelle fit déposer le 22 janvier une adresse sur le bureau de l'Assemblée nationale, qui vota le 9 février 1791 un décret priant le roi d'ordonner d'envoyer deux navires à la recherche d'éventuels survivants de l'expédition Lapérouse. Claret de Fleurieu calqua leur préparation exactement sur celle de la *Boussole* et de l'*Astrolabe*.

Le secrétaire d'État avait supplié le roi de séparer les colonies de la marine, car les deux charges confondues étaient trop lourdes quand il fallait ressusciter la flotte. Débordé de travail, critiqué par l'Assemblée sur la gestion de son budget et interpellé sur des dossiers politiques marginaux, Fleurieu démissionna le 15 avril. Sa lettre expliquait au roi *que quand on a bien mesuré ses moyens, et qu'on les trouve insuffisants, on doit imposer silence à son zèle.* Il ajoutait : *Ma conscience m'assure que l'Assemblée nationale rendra justice à la pureté de mon administration comme à celle de mes principes.*

Il avait signé la veille, la mort dans l'âme, un décret déclarant l'expédition Lapérouse définitivement perdue, et ordonnant aux bureaux de la Marine d'arrêter les comptes de la campagne au 31 décembre 1788. Il avait préparé un décret que l'Assemblée nationale vota le 22 avril, ordonnant que les relations et cartes envoyées par M. de La Pérouse fussent imprimées et gravées aux dépens de la nation. Le décret comportait deux dispositions en faveur d'Éléonore.

L'Assemblée nationale décrète que quand on aura retiré les exemplaires dont le roi voudra disposer, le surplus sera adressé à Mme de La Pérouse en témoignage de satisfaction du dévouement de M. de La Pérouse à la chose publique et à l'accroissement des connaissances humaines et des découvertes utiles.

Décrète que M. de La Pérouse restera porté sur l'état de la marine jusqu'au retour des bâtiments envoyés à sa recherche, et que ses appointements continueront à être payés à sa femme, suivant la disposition qu'il en avait faite avant son départ.

Le chef d'escadre, dont l'orthographe était souvent d'une approximation phonétique – il ne s'en cachait pas –, avait supplié que l'on recopiât ses courriers en les mettant au net avant de les montrer au ministre. Par une étrange prémonition, il avait eu le scrupule de formuler un souhait en tête de son journal.

Si l'on imprime mon journal avant mon retour, que l'on se garde bien d'en confier la rédaction à un homme de lettres. Ou il voudra sacrifier à une tournure de phrase agréable le mot propre qui lui paraîtra dur et barbare, celui que le marin et le savant préféreraient et chercheront en vain. Ou bien, mettant de côté tous les détails nautiques et astronomiques et cherchant à faire un roman intéressant, il commettra, par le défaut de connaissances que son éducation ne lui aura pas permis d'acquérir, des erreurs qui deviendront funestes à mes successeurs.

Mais choisissez un rédacteur versé dans les sciences exactes, qui soit capable de calculer, de combiner mes données et celles des autres navigateurs, de rectifier les erreurs qui ont pu m'échapper, de n'en point commettre d'autres. Ce rédacteur s'attachera au fond ; il ne supprimera rien d'essentiel ; il présentera les détails techniques avec le style âpre et rude mais concis d'un marin. Et il aura bien rempli sa tâche en me suppléant et en publiant l'ouvrage que j'aurais voulu faire moi-même.

Fleurieu n'ignorait pas qu'une décision drastique était imminente. Le 29, l'Assemblée nationale supprima le corps des officiers de vaisseau.

La *Recherche* et l'*Espérance* appareillèrent de Brest cinq mois plus tard sous le commandement de Bruny d'Entrecasteaux. Il portait le nouveau titre de contre-amiral qui remplaçait celui de chef d'escadre. Fleurieu l'avait choisi pour sa grande connaissance des mers de Chine et de l'océan Indien. Il venait de quitter ses fonctions de gouverneur général des îles de France et de Bourbon où il avait vainement attendu l'*Astrolabe* et la *Boussole*.

Le 24 août 1791 fut une journée particulière dans l'enclos de Vanikoro. La veille au soir, au cours du dîner, on avait fêté sobrement, selon leur habitude, le cinquantième anniversaire du chef d'escadre. Ils respectaient cette tradition parce qu'elle les maintenait en contact virtuel avec leurs proches les jours où, là-bas, on pensait un peu plus à eux. Une bougie polyvalente plantée dans un gâteau à la mangue ou à la papaye par Caraurant, régisseur discret de l'agenda des fêtes à souhaiter, leur apprenait qu'ils avaient, l'un ou l'autre, un an de plus. Le cadeau d'anniversaire arriva le lendemain.

Cet après-midi particulièrement ensoleillé, Rollin était parti dans la montagne, sa besace de naturaliste à l'épaule. Mollets nus et sans perruque, en culotte écarlate et chemise ouverte, Lapérouse avait traîné son fauteuil de varangue au-delà de la palissade, pour voir la mer. Au-delà du tapis des lipomées, une sorte de liseron à fleurs mauves qui régnait en larges colonies le long de la plage, le lagon était ce jour là un miroir. Il reflétait comme des nymphéas les masses cotonneuses de la zone intertropicale, qui affichaient là-haut un air inoffensif comme si elles ne préparaient pas un mauvais coup.

Le tout nouveau quinquagénaire s'était plongé dans l'*Histoire naturelle de la parole, ou Précis de l'origine des langues*, troisième volume d'une étude comparative du monde primitif avec *Le monde moderne considéré dans son génie allégorique*. Il l'avait trouvé sur l'étagère du haut de la bibliothèque, alors qu'il cherchait l'origine d'une infiltration de la pluie. Sa couverture en basane blonde était enduite d'un duvet verdâtre. Nettoyé de sa moisissure, le titre l'avait interpellé, comme la personnalité de son auteur, Antoine Court de Gébelin, un physiocrate adepte des lois naturelles. De quoi passer un moment savoureux pour un explorateur réaliste des archipels sauvages.

Ayant relevé la tête, son œil de marin, qui balayait instinctivement le lagon, accrocha un léger sillage qu'il attribua d'abord à un aileron de requin. Il apparut quelques instants plus tard qu'il s'agissait d'un nageur arrivant du côté de Te Anu. Lapérouse posa l'*Histoire naturelle de la parole*, et se leva pour voir mieux cette intrusion bizarre. Quand le nageur piqua droit sur la plage, il s'inquiéta d'une possible nouvelle attaque des Tikopiens, mais lorsqu'il prit pied et se redressa, il fut clair que c'était une femme d'une vingtaine d'années. Elle tordit ses longs cheveux noirs qu'elle laissa glisser sur son épaule droite, confirmant par sa chevelure et sa carnation mordorée qu'elle était bien de race Maori. Elle marcha vers lui résolument. La nudité de son corps fuselé était tellement européenne en comparaison des Mélanésiennes, qu'il en fut décontenancé. Il leva le bras en signe de bienvenue. La visiteuse lui rendit le geste, franchit d'un bond le redan de terre sur lequel butait la plage, cueillit au passage un hibiscus qu'elle se mit sur l'oreille, et débarqua sur les lipomées. Tout au long du voyage, Lapérouse avait abordé les naturels en uniforme de chef d'escadre, et cet habit établissait une hiérarchie dominante indiscutable. Un rapport humain d'enquêteur plénipotentiaire à naturel en évaluation. Sa rencontre impromptue en débraillé avec cette Vénus encore humide était déconcertante, les plaçant sur un même niveau anthropologique. Il remarqua alors ses tatouages. Très fins, ils recouvraient ses bras et ses cuisses d'une manière de déshabillé provocant en dentelle bleue. Elle le regardait avec curiosité mais hardiment. Il comprit qu'ayant bravé seule le territoire des ennemis de sa race pour venir voir les marah, elle n'avait peur de rien.

Leur silence devenant insupportable, il planta son index sur sa poitrine et lança :

— Moi, Jean-François.

Il fut surpris de ne pas avoir dit « Moi Lapérouse ». Jean-François lui avait échappé. Le visage de Vénus s'éclaira. Elle répéta avec application

— Moijonflansoi, qu'elle compléta d'une présentation en retour : Tétouara.

Le dialogue étant amorcé, restait à le poursuivre. Jean-François, donc, cherchait une idée, quand son interlocutrice facilita les choses en se lançant dans un discours volubile, pointant du doigt pour l'illustrer les quatre coins de l'horizon. Là d'où elle venait, le village de Païou avec une mimique de répulsion, la montagne et la mer. Lapérouse hochait la tête d'un air entendu. Quand elle désigna l'enclos, il se demanda brusquement si elle avait quelque ruse en tête, soit pour renseigner sa tribu soit pour chaparder quelque chose. Sa quête hâtive d'une réaction dilatoire lui fournit un argument incontournable.

— Tabou ! signifia-t-il, les bras en croix, mécontent de ce raccourci abrupt et discourtois.

Le visage de la Tikopienne se rembrunit d'une moue de fort mécontentement, mais elle reprit presque aussitôt son monologue enjoué. Parce qu'il était extrêmement gêné de laisser son regard glisser vers la poitrine ferme de sa visiteuse, Lapérouse s'efforçait de le concentrer sur ses yeux, noirs sous des sourcils drus. Tétouara était gracieuse plutôt que jolie, avec un nez légèrement busqué dans un visage aux pommettes affirmées, comme celui des femmes qu'ils avaient vues à Mowée aux îles Hawaii.

Brusquement, après un silence, elle attrapa sa main et l'attira vers elle pour la plaquer contre son sein gauche. Le test fut concluant. Désignant la culotte gonflée du chef d'escadre, la mâtine poussa un cri joyeux et éclata d'un rire qui découvrit une denture parfaite entre des lèvres un peu rougies par le bétel. Le marah était sinon un homme du moins fait comme un homme. Alors, elle s'allongea sur le dos, une jambe repliée, dans les lipomées, d'une impudeur ingénue, et elle s'offrit à l'homme venu d'ailleurs, en lui tendant les bras. Lapérouse hésita une fraction de seconde, se remémorant en un éclair dans le journal de Bougainville, le cri émerveillé du navigateur quand on l'avait poussé dans les bras d'une vahiné devant l'assemblée qui chantait l'hyménée : « Quel pays ! Quel peuple ! » Lui qui avait renoncé à relâcher à Tahiti, parce qu'il avait la tête dans l'accomplissement de sa mission, il allait à son tour céder à la magie océanienne. Il se défit de ses vêtements misérables qu'il jeta sur la chaise longue. Après deux pas, il se ravisa, ôta de son cou le médaillon d'or rose qu'il revint déposer sur sa chemise. La bouche de Tétouara était fraîche et son corps était parfumé d'une légère odeur de jasmin. Il lui fit l'amour hâtivement, et il en eut honte. Parce qu'elle était habituée à d'autres brutalités, elle ne le remarqua pas.

Ils étaient allongés côte à côte. Appuyée sur son coude, elle mâchouillait une herbe en promenant l'index de sa main libre sur les pourtours du hâle du marah. La figure, qui s'achevait, comme un buste en terre cuite, par un triangle au niveau du col de chemise, et les poignets jusqu'aux avant-bras. Désignant ses propres tatouages en accompagnant son commentaire d'un geste alternatif du doigt qui signifiait les similitudes, elle fit comprendre qu'elle prenait cela pour un ornement. Quand elle écarquilla les yeux en signe d'interrogation, il acquiesça en riant, et il commenta :

— C'est moins joli quand même.

Jean-François eut alors une envie soudaine de lui faire plaisir. Il se releva, lui faisant signe de ne pas bouger, récupéra ses vêtements au passage et rentra dans l'enclos pour aller lui choisir un souvenir. Leur trésor de guerre, comme ils l'appelaient, provenait de la réserve d'objets d'échange et de cadeaux protocolaires et civilisateurs embarqués à Brest. Ils le conservaient dans la case d'habitation, dans une pièce forte aménagée par les charpentiers sous la mezzanine lors de la construction du bot. Après s'être énervé à farfouiller dans les boîtes et les bourses contenant des menus présents parmi les outils et les parures militaires, ayant récusé un miroir à main qui l'aurait encombrée dans sa nage, son choix se porta sur un sautoir de petites sphères de métal doré.

Quand il ressortit, le collier caché derrière son dos pour lui faire la surprise, Tétouara n'était plus sur le lit de lipomées. Il la chercha du regard. Consterné qu'elle soit partie avant son retour, il courut vers la plage pour la rattraper. Ce qui était en cause était aussi bien son bonheur à elle que son plaisir à lui d'offrir ce présent. Il l'aperçut, pas encore très loin. La Tikopienne s'enfuyait, en faisant des bonds de gauche et de droite, comme un cabri. Il découvrit avec horreur qu'elle échappait ainsi aux flèches que lui lançaient deux Mélanésiens venus de Païou. Le chef d'escadre se précipita vers eux en agitant les bras. Hors de lui, il hurla :

— Arrêtez ! Espèces de brutes ! Je vous interdis de tuer cette femme ! Elle est ma protégée. Vous êtes des sauvages ! Tabou ! Tabou !

Tétouara se jeta à l'eau et s'éloigna d'une nage tranquille. Parce qu'ils avaient cru comprendre que le marah vociférait à juste titre contre l'intrusion de la Tikopienne dans son enclos tabou, les guerriers de Païou émirent un grognement approbateur, s'excusèrent en langue tanéma de l'avoir manquée, et remirent leurs arcs à l'épaule.

C'est Jean-François, et non Lapérouse, qui conserva le collier d'or à portée de la main, frustré à en pleurer de son cadeau inassouvi.

Mais elle ne revint jamais.

Ils avaient remonté la rivière à la perche et aux avirons à bord de la yole, sous une voûte de verdure animée par les panaches des pandanus et les verticales gothiques des aréquiers. Ils émergeaient d'un champ touffu de fougères géantes, magnifié de place en place par les fougères arborescentes, belles comme des rosaces de cathédrales. Un tronc abattu avait interrompu leur progression en aval d'un rapide de faible gradient au-delà duquel la rivière reprenait son cours tranquille. Ils avaient entrepris de passer l'obstacle en tirant la yole dans l'eau jusqu'aux genoux quand le plongeon bruyant d'un crocodile les avait dissuadés d'aller plus loin.

L'exploration de l'île leur était interdite dans l'est de la rivière, parce que le territoire était le fief des Tikopiens. Les Mélanésiens ajoutaient un tabou à l'inimitié ancestrale des deux ethnies. Ils jetaient l'interdit sur Manévaï, une grande baie qu'ils disaient exister au nord-est sous l'île jumelle de Te Anu. Il semblait que Vanikoro était l'ensemble formé par Te Anu et la grande île principale qu'ils nommaient Banié. Un tabou projetait la mort sur Manévaï. Rollin soupçonnait un interdit prophylactique protégeant d'un moustique inoculant la malaria, d'une tique ou d'un poisson vénéneux.

Un sentier perpétuellement boueux conduisait à la lisière de la mangrove aux villages amis de Tabi et de Neiri en territoire Lovono. On y parlait une langue différente de celle de Païou, mais on se comprenait entre clans alliés par des échanges de femmes. Le sentier sinuait à toucher la mangrove qui ceinturait Vanikoro d'une barrière végétale hostile doublant le récif corallien. Les palétuviers entrecroisaient leurs racines et leurs branches dans un inextricable fouillis. La nature tropicale est tellement dévoreuse d'espace qu'elle a colonisé les premiers mètres de mer. C'est le domaine misérable concédé par la forêt vierge exubérante au palétuvier squelettique, condamné à faire son eau douce par osmose. Du côté de la terre ferme, les arbres morts depuis des années voire des siècles se décomposaient en émergeant d'une bouillie visqueuse d'un brun tirant sur le noir. Comme si la nature se liquéfiait en un bourbier originel. Rollin comparait ce magma dégoûtant au bitume de Judée ou à « l'huile de pierre » de Pechelbronn, et il se demandait si l'on pouvait imaginer une même origine à ces émanations naturelles. Le chef Aïo avait déconseillé de traîner trop dans la mangrove où venaient rôder les crocodiles du lagon.

Découragés par la nature impénétrable sitôt passé le champ des sépultures, ils avaient rapidement fait le tour de leur espace à vivre. Alors, ils se promenaient chaque matin sur la plage de sable noir, les mains derrière le dos. Rollin avait découvert le caractère civilisé de leur déambulation.

— Avez-vous remarqué, monsieur, que les naturels ne se promènent pas ? Femmes et hommes vont quelque part faire quelque chose. Quand ils ne sont pas en palabres entre eux, les hommes vont à la pêche, à la chasse, à la guerre, réparer leurs pirogues, cueillir des plantes, couper des tiges pour faire des arcs et des flèches ou s'occuper des plantations d'aréquiers. Les femmes vont aux cultures ou chercher de l'eau aux sources. Quand ils ne font rien, ils restent sur place. Ils font partie de la nature environnante, ils ne l'habitent pas.

Ils se promenaient donc chaque matin sans autre utilité fondamentale qu'affirmer leur appartenance à un monde extranaturel, et ils se parlaient pour entretenir leur esprit en état de marche.

Ils épuisaient l'après-midi sous la varangue du *Muséum*, lisant chacun de son côté, jusqu'à ce qu'ils soient chassés par les bourrasques de pluie de l'orage du soir. Quand il ne soufflait pas dans son fifre, le chirurgien privilégiait la lecture des ouvrages d'histoire naturelle dont leur bibliothèque était riche. Ils en avaient sauvé une cinquantaine de volumes, dont le Buffon, le dictionnaire de Valmont de Monare et les trois ouvrages de Fabricius sur les insectes. Leurs reliures commençaient à se fatiguer d'être fréquemment consultés dans l'humidité permanente. Ils partageaient la thérapie de l'*Encyclopédie*. Elle les faisait réagir d'un commentaire approbateur souvent, ou quelquefois d'une protestation. Sans doute l'*Encyclopédie* n'eut-elle jamais des lecteurs aussi assidus que les familiers du *Muséum* de Vanikoro.

L'année 1791 s'acheva dans l'alternance des pluies et des orages. Une trêve tacite semblait avoir installé entre les tribus de l'île une paix temporaire. Ils avaient affecté de ne pas s'inquiéter, ni de trouver le temps long mais ils étaient nerveux. Il existait certes des explications logiques au retard du navire qu'ils attendaient. Manquer la mousson aurait fait perdre six mois. Et un an si le vent avait refusé ou avait été contraire au retour comme à l'aller. C'était plausible dans leur culture de gens de mer. Il leur fut plus difficile de traverser 1792. L'*Octant* était parti de Païou depuis plus de trois ans. Un événement grave pouvait avoir bouleversé Versailles. Ils faisaient presque chaque jour le tour des hypothèses ressassées. La mort du roi et un problème de succession ? Une crise politique dans une France prompte à monter comme le lait ? La crise du Trésor ? Peut-être, mais les finances étaient déjà mal en point lors de la préparation du voyage, et cela n'avait pas empêché d'armer les deux frégates et de les doter de tout ce dont elles pouvaient avoir besoin. Ce n'était certainement pas une raison suffisante pour faire renoncer l'ami Fleurieu, ni le maréchal de Castries à envoyer un navire de secours à Vanikoro.

Ils imaginèrent une nouvelle justification dynamique. Des revirements politiques auraient remis l'Europe en guerre et empêché notre pavillon blanc de flotter librement dans l'océan Indien. Au point de faire interner leur bateau à Surabaya ou pire, à Bombay. Capturé par les Anglais ! C'était donc cela. Bien sûr ! Les Anglais se vengeaient de la domination constante de la Royal Navy par la flotte française pendant la guerre d'Amérique, en retenant à Bombay le navire qui venait les chercher.

— Et dire que Louis XVI avait ordonné à la flotte de porter assistance à Cook malgré l'état de guerre, au titre de bienfaiteur de l'humanité ! Beau remerciement !

La détestation de l'ennemi héréditaire se nourrit de cette nouvelle perfidie. Ils traversèrent une année de colère et de rage impuissante. Elle contenait leur sourde angoisse quand le vol piaillant des roussettes envahissait le ciel du soir au-dessus de leurs têtes, comme pour leur rappeler qu'ils étaient à l'intérieur de la volière. C'est dans cet état d'esprit qu'ils fondèrent accidentellement, le 17 septembre, la première loge maçonnique du Pacifique Sud.

Le chirurgien dessinait avec application un *Bupreste*, une manière de scarabée d'un vert métallique, quand Lapérouse s'agita sur sa chaise longue.

— Il faut bien se résoudre à remarquer que les encyclopédistes ont glané tout le savoir du monde sans sortir de leurs cabinets. Jaucourt a le talent de raconter n'importe quoi avec une suffisance confondante.

— Vous êtes injuste. Le chevalier peut avoir eu quelques faiblesses car sa tâche a été écrasante. Ses positions sur les droits des citoyens, le despotisme ou la liberté de religion ont été hardiment novatrices et pas toujours bien comprises.

Quand Louis de Jaucourt, un esprit proliférant aussi féru de sciences que de philosophie, avait perdu l'unique manuscrit de son *Lexicon medicum universalis,* une œuvre de vingt ans, dans le naufrage du navire qui l'emportait vers un imprimeur d'Amsterdam, Diderot l'avait encouragé à reprendre goût à la vie et à la recherche en travaillant à l'*Encyclopédie.* Le collaborateur universel avait signé une large moitié des entrées du grand dictionnaire. Sa contribution aux articles sur l'astronomie, qui vulgarisaient l'héliocentrisme dont les conséquences philosophiques et religieuses dérangeaient encore, témoignait de sa culture scientifique. Elle était admirée tout autant que l'humanisme inspirant ses interventions sur la guerre ou la traite des nègres qu'il déplorait l'une et l'autre. Sa philosophie généreuse avait agacé la censure. En conclusion d'un long éloge dans son *Avertissement* du tome VIII, Diderot avait remercié ainsi Jaucourt de son implication corps et âme : *C'est à chaque feuille de cet ouvrage à suppléer ce qui manque à notre éloge ; il n'en est aucune qui n'atteste et la variété de ses connaissances et l'étendue de ses secours.*

L'*Encyclopédie* les avait rendus familiers et disciples de Jaucourt. Ils s'en étaient imprégnés dans leurs approches – chacun en ce qui le concernait – des sociétés naturelles au cours du voyage. Le scientifique philosophe convenait aussi bien à l'esprit des Lumières qu'à leurs convictions personnelles.

Lapérouse balaya l'objection du chirurgien d'un revers de main.

— On peut écrire sur la guerre sans l'avoir faite, sur la traite sans avoir jamais vu un esclave nègre dans une plantation, et sur l'astronomie sans être monté voir là-haut comment le monde tourne. Sur l'homme naturel, ne pas être allé vérifier expose à quelques contresens. Je relis par hasard la prose du chevalier sur « Naturelle, loi naturelle ». Je suis mille fois plus en colère contre les philosophes qui exaltent tant les sauvages que contre les sauvages eux-mêmes. Dès notre rencontre avec les Pascuans, nos premiers sauvages, nous les avons trouvés comme prévu corrompus, et aussi fourbes que voleurs malgré nos gestes d'amitié. Il est impossible de faire société avec eux.

Les lois naturelles sont ainsi nommées parce qu'elles dérivent uniquement de la constitution de notre être avant la constitution des sociétés. La loi qui, en imprimant dans nous-mêmes l'idée d'un créateur, nous porte vers lui, est la première des lois naturelles par son importance, mais pas dans l'ordre de ces lois.

Le chirurgien fit la moue.

— C'est un peu amphigourique. Cela sent la planche. On croirait la tenue d'une loge du *Grand Orient*.

Lapérouse fronça le front et releva la tête.

— Jaucourt n'était pas franc-maçon. Pas plus que Diderot ni d'Alembert. Disons que nos frères se retrouvent dans la philosophie et dans la liberté de pensée de l'*Encyclopédie*. Et la marine aussi, puisque quasiment tous les officiers de l'escadre de Brest ont été initiés à la loge de *l'Heureuse Rencontre*. C'est le même enthousiasme qui nous a fait accompagner le combat des insurgés américains pour la liberté et les droits de l'homme.

— Alors, monsieur, puisque nous sommes l'un et l'autre initiés, pourquoi ne fonderions-nous pas à Vanikoro la première loge du Pacifique Sud ? Cela nous occuperait l'esprit car les sujets de planches ne nous manqueraient pas. Plusieurs vaisseaux des escadres ont ainsi fondé des loges à leur bord

Le chef d'escadre répondit rapidement, les yeux revenus sur son texte :

— Il n'est pas impossible que les Anglais aient déjà pris cette initiative à Port Jackson. Je n'entends pas passer des années ici, mais c'est une idée intéressante. Nous l'appellerons loge du *Grand Océan*. Une autre suggestion ? Non ? Eh bien puisque vous avez eu cette excellente initiative, Rollin, je vous élis vénérable. Mais laissez-moi finir, Bon Dieu !

L'homme dans l'état de nature, ajoute M. de Montesquieu – Il releva la tête et leva les yeux au ciel : Il se retranche derrière son maître à penser – *aurait plutôt la faculté de connaître, qu'il n'aurait de connaissances.*

Il s'interrompit.

— C'est curieux. C'était pratiquement en ces termes que j'avais défini M. de Lamanon, votre confrère. De l'esprit mais pas de connaissances. Un naturaliste en état de nature en quelque sorte. Là-dessus, je suis d'accord avec Montesquieu. Je continue.

Il est clair que ses premières idées ne seraient point des idées spéculatives. Il songerait à la conservation de son être

avant de rechercher l'origine de son être. – Jusque-là, tout va bien mais va se démasquer le philosophe de cabinet. – *Un homme pareil ne sentirait d'abord que sa faiblesse, sa timidité serait extrême, et si l'on avait là-dessus besoin d'expérience, l'on a trouvé dans la forêt des hommes sauvages. Tout les fait trembler, tout les fait fuir.*

— Accordez-moi que les naturels des îles Sandwich qui ont dépecé le capitaine Cook, les Samoans de Tutuila, les Kanaks de Nouvelle-Calédonie qui nous ont massacrés à coups de frondes ont oublié de s'imprégner des théories du chevalier de Jaucourt.

Les hommes dans cet état de nature ne cherchent donc point à s'attaquer, et la paix est la première loi naturelle. Je dis que la crainte porterait les hommes à se fuir, mais les marques d'une crainte réciproque les engageraient bientôt à s'approcher. Ils y seraient portés d'ailleurs par le plaisir qu'un animal sent à l'approche d'un animal de son espèce.

— Voyez-vous, Rollin, les tribus de Vanikoro qui s'entretuent périodiquement jusqu'au dernier crâne n'ont pas compris le bonheur paisible de leur état de nature.

— Sa Majesté ne s'y est pas trompée, monsieur, dont les instructions étaient de traiter en toutes circonstances les sauvages avec humanité et douceur, mais d'être partout armés et sur nos gardes.

— Sans faire usage de la force, sinon à la dernière extrémité. Sa Majesté déclarait finalement que le plus heureux résultat de l'expédition serait qu'elle se terminât sans avoir coûté la vie à un seul homme.

— Il voulait dire à un seul homme sauvage je suppose.

Lapérouse alla rapporter le gros volume dans le *Muséum*. Rollin le suivit, et déposa le scarabée dans sa boîte. Pendant que le chef d'escadre était occupé à ranger l'*Encyclopédie*, il l'interpella sur un ton léger :

— Vous avez affirmé il y a un instant que M. de Lamanon avait de l'esprit mais pas de connaissances.

— Et ?

— Le commandant de Langle m'avait montré une copie des lettres que vous avez adressées l'un et l'autre pendant notre escale à La Concepción du Chili, rendant compte au ministre de la façon de servir des officiers et des scientifiques. La vôtre contenait en effet votre appréciation ravageuse sur M. de Lamanon que vous venez de rappeler. Si j'ai bonne mémoire, vous avez écrit en outre que M. l'abbé Mongez, vous me reprendrez si j'ai mal lu, avait encore moins d'esprit, et que sa pension était fort au-dessus de son talent.

Lapérouse répondit sans se retourner :

— Je m'étonne de cette indiscrétion mais je n'ai pas fait secret de ce jugement. Où voulez-vous en venir ?

— Il était dans mes devoirs de médecin de m'intéresser aux relations sociales à bord des frégates, monsieur, et ces lettres contribuaient à mon diagnostic. Je n'aurais pas fait état de cela si vous n'aviez pas commencé. M. de Langle écrivait au même instant au ministre que le Père Receveur s'occupait d'histoire naturelle avec aménité et intelligence, et que la Martinière était un botaniste infatigable et passionné. Vous avez écrit de M. de Lamanon qu'il s'occupait de la théorie de la Terre, et voyageait pour savoir comment elle avait été faite. Vous avez ajouté que, comme c'est un secret du créateur, c'est un problème qu'il ne résoudrait jamais.

— C'est une évidence. Non ?

— Si vous le dites. N'empêche que je me suis étonné que le chef d'une expédition scientifique affiche un tel mépris envers les physiciens qu'il avait embarqués, et que je me suis interrogé du même coup sur les conséquences de cette inimitié quant à la conduite du voyage.

Le chef d'escadre se retourna, s'adossa aux étagères de la bibliothèque et se croisa les bras.

— Vous êtes direct au moins. Vos questionnements font aussi partie de vos devoirs ? Accordez-moi que je n'ai rien négligé pour concourir aux vues des académies et des sociétés savantes quant à l'histoire naturelle. Nous avons tout examiné, depuis le sable attaché aux plombs de sonde, jusqu'à la hauteur de montagnes inaccessibles. Nous rapportons des collections de poissons, de coquilles, d'insectes, des descriptions d'animaux, et nous espérons bien augmenter de beaucoup, malgré nos pertes, le nombre connu des êtres organisés. Si nous ne sommes pas les premiers circumnavigateurs ne s'occupant que du progrès des sciences, les Anglais ne seront plus les seuls. Vous avez contribué très efficacement à ces collectes, et vous continuez.

— Merci, monsieur. Reconnaissez néanmoins que vous avez plutôt découragé les naturalistes. En revanche, vous ne tarissiez pas d'éloges sur M. d'Agelet. Vous encensez les astronomes et vous vous moquez des physiciens.

Lapérouse réagit vivement.

— Sans être un physicien formé aux universités, j'ai mon opinion quant aux limites des sciences physiques.

Vous oubliez l'importance primordiale accordée par le roi à l'achèvement des cartes dressées par le capitaine Cook. Cette ambition a été parfaitement réalisée grâce à la maîtrise de la longitude, servie par Lepaute d'Agelet et son grand talent d'astronome, par la science de M. de Langle et par le zèle de mes officiers. Ma dernière lettre de Botany Bay à mon ami Fleurieu lui disait ma satisfaction d'avoir vérifié que la combinaison des observations de distances lunaires et des horloges marines avait complètement résolu la mesure de la longitude. Nous avons constamment navigué avec moins d'erreurs en longitude qu'on en avait en latitude il y a dix ans. Nous avons contribué à mettre les littoraux incertains à leur juste place.

Le chirurgien agita l'air de ses mains.

— Je suis tout à fait convaincu de la primauté de vos travaux hydrographiques, monsieur. Disons que les astronomes et les officiers ont pleinement savouré le fruit des longues traversées, tandis que nous rongions notre frein en désespérant de toucher quelquefois terre.

Le chef d'escadre leva la main.

— Je n'avais pas terminé, Rollin. J'ai moi aussi des griefs envers les savants.

Il marcha jusqu'au seuil et fit signe au chirurgien de l'accompagner dehors. Il lui désigna la ligne de déferlantes au loin. Elle soulignait l'horizon d'un trait d'autant plus blanc que le soleil venait de se coucher. Son grondement emplissait le paysage comme une quatrième dimension. D'habitude, ils ne l'entendaient plus, mais quelquefois, comme ce soir, il s'imposait jusqu'à l'obsession, car l'oreille s'accorde ou pas aux sons selon l'humeur ou l'attention.

— Nos informations sur des littoraux jamais explorés ont été sauvées du désastre parce que j'ai eu la clairvoyance et l'humilité d'envoyer à Versailles nos cartes et mon journal au fur et à mesure de nos opportunités de trouver un navire partant pour l'Europe. Je voulais que s'il nous arrivait malheur, du moins le commencement de notre campagne ne fût pas perdu pour l'utilité des navigateurs. Pendant ce temps, vos chers savants, jaloux de leurs observations trop précieuses sans doute pour risquer d'être exploitées sans eux, ont emporté dans l'au-delà des travaux qu'ils destinaient à leur gloire, et qu'ils devaient en réalité au roi.

Il suggéra des mains des volutes montant du récif vers le ciel.

Et comme le chirurgien s'éloignait le front têtu, il le rappela :

— Vous avez accepté à ma demande d'envoyer avec mes paquets vos rapports physiologiques sur les naturels. Voyez-vous, Rollin, les militaires que nous sommes ont d'abord le sens du devoir et pas le souci de notoriété des prétendus savants, toujours pressés de réclamer du confort et des privilèges. Et de la considération avant même de l'avoir justifiée. Cela a commencé dès Ténériffe, quand votre Lamanon a prétendu soit louer douze mules pour faire le voyage du pic du Teide aux frais du roi, soit en imprimer le récit à son propre profit. Le Pacifique est maintenant dessiné exactement, sauf un peu de littoral inconnu entre les Nouvelles Galles du Sud et la Nouvelle Hollande, et la longitude est à notre main. Ce serait à refaire, je conseillerais au ministre de faire l'économie des civils. Les chirurgiens, les pharmaciens et les hydrographes de la marine les remplaceraient avantageusement, et les relations sociales à bord des frégates s'en porteraient mieux. Non ?

Rollin, d'abord interloqué, mit ses mains sur ses hanches et opina de la tête.

— Oui. Pourquoi pas après tout ? Je ne sais pas si elle sera entendue, mais votre suggestion mérite examen.

— Je crois bien que c'est vous qui m'en avez donné l'idée.

Le troisième lundi de janvier après leur souper, le vénérable de la loge du *Grand Océan* déclara ouverte au *Muséum* la première tenue de la nouvelle année. Il s'agissait de plancher sur la légitimité de la prise de possession d'une terre nouvellement découverte.

— Frère, nous avons fait le tour du Pacifique. Nous y avons trouvé des Espagnols installés souverainement au Chili, en Californie et aux Philippines, et des Portugais à Santa Catarina et surtout à Macao. Nous savons que cela découle d'un traité hispano-lusitanien de la fin du XVe siècle. Il tirait sa force de bulles papales accordant aux souverains catholiques le droit de prendre possession des terres nouvelles et d'y faire commerce, à charge pour eux d'évangéliser les idolâtres. L'idée venait d'Innocent III. Ce souverain pontife a déclaré au début XIIIe siècle détenir seul l'entière souveraineté, l'*auctoritas* du droit romain, les princes catholiques possédant la *potestas*, c'est-à-dire la puissance politique. Depuis l'essor du protestantisme et l'émancipation maritime du Royaume-Uni et des Pays-Bas, Hollandais et Anglais se disputent le grand archipel d'Asie. Nous avons vu récemment les Anglais s'implanter aux New South Wales.

Lapérouse opina de la tête.

— Remarquez, Rollin, que les Espagnols ont investi les terres d'Amérique avec un appareil étatique de vice-rois, de gouverneurs et de capitaines. La balance des forces était trop inégale pour que des royaumes insuffisamment organisés puissent résister. Les Hollandais ont commis un véritable génocide pour s'approprier les girofles des îles Banda. L'Inde, la Chine, le Japon sont de très vieilles cultures, et les Portugais étaient trop loin, à des mois de mer de leur métropole, pour pouvoir annexer des territoires qu'ils n'auraient d'ailleurs pas les moyens matériels ni humains d'administrer. Ils ont seulement fondé des emporiums en Inde par la force, à Macao par la négociation. Et du même coup, ils ne sont pas parvenus à y implanter durablement le catholicisme malgré les efforts de François-Xavier, tandis qu'à côté l'Église espagnole des Philippines dont les extravagances nous ont amusés à Manille perdurera certainement.

Le chirurgien afficha la mine soucieuse convenant à un vénérable lors d'une tenue en bonne et due forme.

— Frère, je ne posais pas la question en termes de rapport des forces, mais de légitimité de la prise de possession de terres idolâtres. Je n'ai curieusement rien trouvé dans l'*Encyclopédie* quant au droit des peuples sauvages à ne pas être asservis. Boucher d'Argis qui a signé des centaines d'entrées sur le droit ne s'est pas inquiété de celui des naturels.

— J'avais compris. Vous interrogeriez-vous sur l'opportunité de prendre possession de Vanikoro ?

Rollin se permit un sourire.

— Je pensais à Mowée.

Lapérouse recula sa chaise, se retirant de la bulle de lumière dispensée par un bougeoir de cuivre. Sa voix sortant de l'obscurité prit une certaine solennité.

— C'est en effet un très bon sujet. Je me suis expliqué là-dessus dans mon journal.

Il laissa passer un silence de concentration.

— J'ai tenu à mouiller quelques heures aux îles Sandwich, pour rendre hommage au capitaine Cook. Notre voyage entendait achever son œuvre selon le désir de Sa Majesté. Pourtant, quoique nous ayons été les premiers Européens à aborder Mowée, je n'ai pas pris possession de cette île au nom du roi. Voyez-vous, Rollin, nos usages à cet égard sont haïssables. Les philosophes de ce siècle doivent voir avec douleur que, parce qu'on a des fusils et des canons, on compte soixante mille habitants pour rien. Qu'on ne respecte pas leurs droits sur une terre qui depuis peut-être mille siècles sert de tombeau à leurs ancêtres. Qu'ils ont arrosée de leur sueur et dont ils arrachent les fruits pour venir les offrir aux intrus qui se prétendent leurs nouveaux propriétaires. Je n'ai pas voulu apporter au roi une terre confisquée au mépris de la liberté de son peuple.

Le chef d'escadre se pencha en avant, et son visage rentra dans la lumière.

— D'ailleurs, les instructions du roi ne m'ordonnaient pas de prendre possession d'éventuelles terres découvertes.

Le vénérable arrêta le procès-verbal de la tenue du 21 janvier 1793 à sept heures après midi à sa montre.

Au même instant, ce 21 janvier 1793, il était huit heures du matin à Paris. Les commissaires nommés par le conseil exécutif provisoire, les citoyens Ysabeau, prêtre constitutionnel, et Sallais se présentèrent au ministère de la marine rue de la Révolution ci-devant rue Royale. Ils jetèrent un regard furtif à une plaque de marbre noir apposée à gauche du portail.

Loix et actes de l'autorité publique[1]

Elle affichait depuis la veille l'arrêt de la Convention condamnant Louis XVI à la peine capitale. Les commissaires furent reçus par le citoyen Monge, ministre de la Marine, dans son bureau d'angle donnant à la fois sur la rue et sur la place de la Révolution ci-devant place Louis XV. On avait de là une vue directe sur l'échafaud,

1. Elle y est toujours.

dressé entre l'entrée des Champs Élysées et le socle de la statue équestre de Louis XV abattue avec la royauté, au centre d'un rectangle formé par des canons. Les citoyens Lefévre-Guineau et Momoro, représentants du directoire départemental, arrivèrent une heure plus tard. Le groupe crispé et silencieux fut rejoint par le ministre de la Guerre, le citoyen Pache, et à dix heures et quart par les délégués de la municipalité, deux autres prêtres constitutionnels, les citoyens Bernard et Roux, choisis pour leur « férocité ». La commission chargée de constater l'exécution du roi était au complet, à l'exception du greffier du tribunal criminel. Monge était pâle. Conduit par Santerre, commandant général, le cortège amenant Louis Capet dans une voiture à quatre roues déboucha de la rue Saint-Honoré dans la rue de la Révolution.

Nous n'avons pas quitté Capet des yeux jusqu'à la guillotine. À dix heures vingt minutes, Louis Capet, arrivé au pied de l'échafaud, est descendu de la voiture. Et à dix heures vingt-deux minutes, il est monté sur l'échafaud. Il a voulu parler au peuple. Santerre s'y est opposé : sa tête est tombée et a été montrée au peuple. Les citoyens ont trempé leurs piques et leurs mouchoirs dans son sang.

Dans l'embrasure de la fenêtre, les commissaires qui assumaient le régicide au nom de la Nation signèrent le procès-verbal d'une main nerveuse. La rumeur courut que le roi aurait demandé au moment de gravir les marches : *A-t-on des nouvelles de M. de La Pérouse* ?

Au début du mois de mai 1793, une période de moindres pluies entre les recrudescences de la mousson, ils eurent absolument besoin de s'évader de leur paysage clos, et des senteurs grasses d'humus qui leur semblaient porteuses des odeurs de mort des tombes. Ils iraient aérer leurs poumons et tromper leur impatience en explorant le lagon, à bord de la yole, le long des territoires des tribus de Banié vers l'ouest. Jusqu'à Pakaré et Lalé d'abord, où ils recevraient un bon accueil selon Aïo. Ils pousseraient ensuite aussi loin que possible le long de la côte Nord, jusqu'aux limites du domaine des Tikopiens casseurs de têtes de Te Anu. La fausse passe, encore marquée par l'épave de la frégate, par où était sorti le bateau biscayen, était la seule interruption apparente de la ligne continue de déferlantes qui brisaient tout autour de l'île. Le chirurgien pensait avoir compris au cours de son enquête patiente auprès des chefs de clans que, quelque part au nord-est, aux environs de Te Anu, une large interruption du récif permettrait à un navire de haute mer de prendre un mouillage abrité à l'intérieur du lagon, dans l'une ou l'autre des baies appelées Tévaï et Manévaï.

Un coup de vent d'ouest balaya Vanikoro de violentes rafales rageuses et désordonnées pendant plus d'une semaine. Ils avaient appris au fil des saisons que cette époque de l'année était très instable. Le destin des deux frégates les avait fait passer là au plus mauvais moment. Ils mirent à profit ce mauvais temps pour préparer leur expédition en conditionnant, en vue des bivouacs à terre, un petit baril de salaisons de porc et une provision de taros. Rollin fut chargé des salaisons en sa qualité de chirurgien-naturaliste, et c'est Maïna qui prépara les galettes de taros pour son époux et ses oncles.

La yole hissa son taillevent le vendredi 17 mai à l'aube pour Pakaré, laissant le *Muséum* et l'observatoire à la garde de la cloche et du tabou.

Kamaïou était un vieil homme aux yeux clairs, dont le visage noble était encadré par une longue barbe blanche et des cheveux sur un front haut, rare parmi les Mélanésiens. Le croissant d'écaille suspendu à son cou, son seul ornement, lui donnait une allure de grand d'Espagne décoré de la Toison d'or. Rollin trouva qu'il ressemblait au gouverneur du *Presidio* de Monterey en Californie. Lapérouse avait enfilé par-dessus une veste écarlate son habit de grand uniforme en drap bleu roi bordé du haut en bas d'un large galon d'or. Il avait grande allure bien que, après quatre ans de campagne et autant d'années d'humidité et d'insectes gourmands de la nouveauté du drap de laine, la tenue ne soit plus très fraîche. Elle cachait sa chemise reprisée par des mains inexpertes. Le chirurgien major était exceptionnellement en tenue de son corps, habit gris fer sur veste et culotte écarlates. Ses souliers racornis avaient perdu leurs boucles d'argent dans ses promenades d'entomologie, mais les regards des Mélanésiens étaient surtout attirés par les tricornes qu'ils avaient sortis de leurs malles, et qui plongeaient les naturels dans des abîmes de perplexité morphologique.

Le vieux chef manifesta une grande satisfaction quand Rollin étendit sur le sable des coupons d'écarlate et d'indienne à fleurs bleues sur lesquels il disposa des hameçons, trois herminettes, une scie et une paire de ciseaux de tailleur. Avant l'arrivée des marah et de leur étrange matière plus solide que la pierre la plus dure, l'industrie de Vanikoro utilisait au mieux des éclats de basalte, du corail, des coquillages, des os et des braises pour travailler la terre, traverser la forêt vierge, creuser des pirogues, couper le bois, pêcher, chasser ou faire la guerre. Les femmes furent plongées dans une joyeuse excitation par des présents plus futiles, des miroirs à main qui les firent éclater de rire et se bousculer pour voir, et des *rassades*, les grosses perles de verre bleu indispensables cadeaux de la traite africaine et des premières relations avec les peuples extra-européens.

Quelques mots de lovono appris à Caraurant par Maïna furent extrêmement utiles à Rollin au cours de l'assemblée qui se réunit dans la maison des esprits pour la coutume du kava. Ils avaient déjà subi aux îles des Amis le rituel convivial mais pesant de cette boisson poivrée, à base du rhizome de kava mâché et recraché sur une feuille de bananier par les vieilles femmes, pour y fermenter quelque temps et prendre sa force. La maison des esprits était occupée de part et d'autre de l'entrée par quatre estrades basses sur lesquelles s'accroupirent les clans. Les tablettes ancestrales sculptées de figures symboliques et une trentaine de crânes étaient rangés sur plusieurs niveaux d'étagères. Ils honoraient les ancêtres notables et rappelaient les ennemis vaincus mais valeureux. Au centre de cet étalage macabre, un crâne enturbanné d'une bande de tapa laissait paraître les cheveux noirs crépus de son défunt propriétaire. Il les fixait de deux grands yeux de nacre dont les pupilles noires dilatées semblaient rivées avec stupéfaction sur le visiteur étranger. Deux défenses de cochon recourbées vers le haut plantées de part et d'autre du maxillaire inférieur humiliaient sans doute jusque dans la mort un ennemi tué. Un énorme crocodile naturalisé était suspendu à la charpente finement ouvragée. Au centre de la case, une grande coupe en bois quadripode contenait le kava qu'un bol en noix de coco servirait à distribuer aux assistants selon un rituel protocolaire subtil. Posé à main droite sur un tabouret de bois sculpté, le disque en jadéite d'un casse-tête en forme d'ostensoir désignait le chef.

Kamaïou imposa le silence aux clans qui grommelaient dans un brouhaha confus. La brutalité de cette cinquantaine d'hommes nus à la tignasse crépue, ornés de parures en nacre, en coquillages et en défenses de cochon était renforcée par leur familiarité avec les têtes mortes qui tapissaient la case. Le chef invita du geste Caraurant à s'asseoir près de lui pour servir d'interprète.

— D'où venez-vous ?

— Dites au chef que nous venons du royaume de France.

— Royaume, je ne suis pas sûr de bien me faire comprendre, monsieur le comte. Je peux dire plutôt grand pays de France ?

Le vieil homme répéta d'un ton grave, en roulant les « r » selon la prononciation océanienne :

— *Flance*. Dans quelle direction se trouve votre île dans l'océan ?

— Ce n'est pas une île. C'est une partie d'un pays immense.

Le chirurgien intervint.

— Monsieur, je crains qu'il ne soit difficile de leur expliquer. Pour eux, Pakaré est le centre de Vanikoro, Vanikoro est le centre de la mer tout autour, et l'océan constitue le monde. Je vous suggère de les interroger d'abord sur leur univers avant de tenter de leur apprendre qu'il y a autre-chose.

Un long échange qui mit Carurant en sueur sembla révéler, aux erreurs de traduction près, que la perception du monde des villageois de Pakaré se limitait au vent à Tikopia, d'où venaient les prédateurs. Sous le vent Utupua et Ndeni à portée de vue appartenaient à un archipel qui s'étendait plus loin, ils ne savaient pas jusqu'où. Entre le vent et sous le vent, il y avait, par là, dit Kamaïou en désignant le sud, des peuples amis, des îles grandes, dont une nommée Malakula ou Malikolo, d'où étaient quelquefois venues des grandes pirogues de voyage. Le chef précisa que les peuples de Vanikoro n'étaient pas des navigateurs au-delà du récif. Ils étaient des guerriers. Lapérouse résuma :

— Ils ont donc la notion par ouï-dire des Nouvelles-Hébrides, mais en effet, ça sera difficile de leur expliquer d'où nous venons.

— Nous sommes des marah, monsieur. Des esprits. Nous arrivons de la lune. Ça ne s'explique pas.

Lapérouse sourit.

— Et nous n'allons pas tarder à y retourner, Rollin, dans votre lune. On reprend l'entretien. Notre grand peuple borde un autre océan. Très loin. Il y a d'autres pays comme le nôtre et d'autres océans.

— Il y a d'autres océans que l'océan ?

— Oui. Tout cela s'appelle la Terre.

— La *Telle*, répéta Kamaïou comme pour s'en imprégner. Une île immense très étendue alors.

Il balaya l'espace d'un geste circulaire des deux bras en penchant le buste vers eux.

— La Terre n'est pas plate. Elle est en boule, suggéra le chirurgien.

Il sortit de la case et revint avec une noix de coco fraîche dans sa bourre emballée d'une peau verte. Il la posa sur le bout des doigts de sa main droite, et passa la main gauche tout autour.

— Terre.

Il désigna de l'index le dessous et le dessus.

— Vanikoro ici. France ici.

Après un moment de perplexité, chef Kamaïou éclata d'un énorme rire dont l'onde se communiqua à l'assemblée, qui se bouscula pour venir voir la noix de coco. Ils se demandèrent si la raison de cette hilarité était l'énormité de la découverte ou la drôlerie de la plaisanterie. En tout cas, l'ambiance s'était très détendue. Lapérouse était presque jovial, sous l'effet euphorisant du kava. Le chirurgien lui fit remarquer que, vivant en ermite, accroché à sa lunette astronomique dans leur enclos, il n'avait jamais voulu rencontrer les habitants de Païou. Et qu'il devait bien constater maintenant que les sauvages, comme il disait, méritaient attention pourvu que l'on fasse l'effort de communiquer avec eux.

— Dans votre long voyage sur vos grandes pirogues, avez-vous visité Sahul ?

Le silence était retombé. La question les interpella. Le vieil homme s'était penché vers eux, les dévisageant l'un puis l'autre d'un air anxieux. Il compléta sa question :

— Les conteurs de mémoire disent que notre peuple en est venu avant que commence le temps.

Ils n'avaient pas visité Sahul. Kamaïou se renfrogna en hochant la tête d'un air entendu, comme s'il n'était pas possible en effet d'avoir visité le pays des ancêtres.

Ils s'inquiétèrent alors d'une intervention vive d'un athlète aux cheveux crépus décolorés à la chaux d'une tache sur le haut du front. Elle fut suivie d'un long conciliabule à voix basse entre les chefs de clans qui jetaient des regards sur eux par-dessus leurs épaules. Sur un signe de Kamaïou, le colosse se dressa avec solennité. Comme tous les hommes de Vanikoro, ses bras étaient cerclés d'une dizaine de rangs d'anneaux blancs et noirs taillés dans des coquilles et des écailles de tortue, et il portait un rang de porcelaines cauris autour de chaque jambe, faisant comme une jarretière sous le genou. Un croissant de nacre était accroché dans la cloison nasale et sa parure était complétée par un *kapkap* pectoral, une huître perlière polie taillée en disque ornée d'un signe anguleux en écaille découpée. Le chirurgien fit remarquer à Lapérouse ses boucles d'oreille formées chacune d'une invraisemblable défense de cochon formant une spirale sur près de deux tours.

— Cette déformation provoquée des canines de cochon joue un rôle majeur dans les rituels de franchissement de grades.

Le chef d'escadre siffla entre ses lèvres.

— Eh bien ! Vous savez ça aussi ?

Rollin leva les yeux au ciel.

— Je suis aussi naturaliste, monsieur. Et en plus, je parle avec eux. Ce n'est pas forcément du temps perdu. Ces ornements de prix montrent que cet homme occupe un très haut rang.

Se désignant comme Fonou, leur interpellateur leur adressa bruyamment un discours qui s'adressait manifestement aussi à l'assistance. Le chirurgien comprit vaguement que les chefs avaient accepté sa suggestion d'inviter les marah à les accompagner le lendemain au lever du Soleil sur la roche de mémoire. Elle désignait selon les anciens la direction de Sahul.

Leur destin allait basculer.

Le sentier glissant grimpait presque à la verticale entre des bananiers. Ils se cramponnaient maladroitement à leurs feuilles, empêtrés dans leurs habits. Les guerriers de Pakaré grimpaient comme des chèvres. La crête qui dominait le village en l'abritant des vents d'ouest était coiffée d'une végétation dense, dominée par un banyan qui ne se voyait pas d'en bas et qui semblait faire l'objet d'une vénération. En suivant la crête vers la gauche, ils débouchèrent sur une terrasse de basalte d'une vingtaine de pas de côté. Il était difficile de voir dans cet appareillage de blocs cyclopéens une formation basaltique totalement naturelle. Il s'agissait en apparence du témoignage d'une civilisation perdue. Cette interprétation était renforcée par une statue de pierre érigée en son centre, haute comme deux hommes, représentant une figure humaine grossièrement sculptée, comme ils en avaient vu à l'île de Pâques. Elle contemplait l'horizon de ses yeux en nacre. Le regard courait, depuis ce belvédère sur plus de la moitié de l'horizon encore sombre.

Ce dimanche 19 mai 1793, le soleil parut au sommet du mont Popokia, projetant d'un coup l'ombre longue de la statue sur le sol de basalte, comme celle d'un gnomon.

— Sahul ! jeta Fonou de sa voix rauque en montrant la direction de l'ombre portée.

Presque aussitôt, une île de petite taille mais de la même nature volcanique que Manikolo s'éclaira à une vingtaine de degrés sur la droite.

— Utupua ! commenta le géant en parures de nacre en désignant l'îlot.

Plus loin, on distinguait à peine une terre à l'horizon. C'était probablement Santa Cruz que l'indigène nomma Ndeni. La destination manquée de si peu. Fonou leur fit comprendre d'un geste du bras que Sahul était au-delà.

Derrière eux, le village était encore dans l'ombre. Des fumées domestiques traversées de lumière rayaient de panaches lumineux le paysage de Vanikoro, plongé dans un contre-jour sombre. La montagne se découpait sur un ciel tirant sur le vert parce qu'il était semé de petits nuages d'un rose vif. On entendait des coqs se réveiller en bas, donnant vie au silence qui semblait ici plus absolu que d'habitude. Le spectacle était impressionnant par la sérénité de sa grandeur sauvage.

Les guerriers s'étaient précipités en grognant vers l'angle sud-ouest de la terrasse, et ils leur opposaient un mur de dos très agité. Ce brusque changement d'attitude inquiéta le chef d'escadre.

— Nos amis sont subitement nerveux. Ce lieu est bizarre. Ne trouvez-vous pas, Rollin, vous qui savez tout sur les sauvages ?

— Je conviens, monsieur, que cette terrasse de pierre dominant la mer a des allures sacrificielles, mais Aïo nous a affirmé l'hospitalité du chef Kamaïou, et je suis tenté de lui faire confiance. J'ai compris aux îles des Amis que la coutume océanienne veut qu'on ne tue pas un homme avec qui on a bu du kava. Du moins pas tout de suite.

À ce moment, Fonou se jeta sur eux. Désignant la mer, il leur cria avec un regard fou :

— Marah ! Marah !

— Rollin, toute l'île sait depuis des années que nous sommes des esprits venus de la mer. Ce sauvage que vous dites puissant semble nous en tenir brusquement rigueur. Nous ne sommes pas armés comme vous l'avez recommandé. Je ne sens pas du tout cette attitude fébrile, ni ces cris. Nous avons été piégés. Conduits avec la bénédiction de vos amis de Païou comme des agneaux sur ce site tabou pour y être sacrifiés.

C'est Caraurant qui vit les voiles.

— Monsieur le comte ! Ce n'est pas après nous qu'ils en ont. Ils arrivent !

Deux navires venaient du sud, émergeant à mi-mâture de l'horizon. Leurs huniers et leurs perroquets éclairés par le soleil posaient deux petites taches blanches sur la mer. Ils restaient silencieux, les yeux embués, pétrifiés par la soudaineté de cette apparition.

— Pourquoi viennent-ils du sud ? s'interrogea Lapérouse à voix haute. Nous attendions un navire arrivant au plus court du détroit de Torres.

— Deux navires et non pas un, venant de la direction de la Nouvelle-Calédonie. Pour moi, Sa Majesté a décidé de reprendre le voyage là où nous l'avons achevé. Ils vont nous récupérer au passage.

Lapérouse réfléchit quelques instants et se croisa les bras en opinant de la tête.

— Vous avez raison, Rollin. Nous poursuivrons par la Nouvelle-Guinée et la Nouvelle-Hollande depuis le golfe de Carpentarie. Ça me plaît bien.

Ils étaient éperdus de gratitude, calmes, déchargés d'un coup de leur angoisse et sûrs de leur avenir. Ils respiraient à grands coups l'air frais de ce matin de nouveau monde. Les deux frégates continuaient leur route, très loin mais bien visibles maintenant. Bien qu'elles fussent hors de portée, ils leur firent de grands signes.

— Ils ont l'intention manifeste de contourner Vanikoro par le nord en cherchant une passe. Si nos informations sont exactes, ils trouveront le mouillage de Manévaï. Nous attendrons leurs canots à Païou. Ils vont se heurter aux Tikopiens mais nos hommes les auront mis en garde. Ils seront armés en guerre.

— Pourquoi n'abattent-ils pas maintenant ? Je ne comprends pas leur manœuvre.

— Vous êtes trop impatient, Caraurant. Leur commandant sait ce qu'il fait.

Et puis, ils restèrent sans voix, incrédules, les yeux rivés sur les deux taches blanches jusqu'à ce qu'elles s'effacent en direction de Santa Cruz. Abasourdis, ils comprirent à cet instant que les deux frégates ne venaient pas les récupérer. Cela signifiait que le bot et la biscayenne s'étaient perdus avec leurs compagnons avant d'atteindre l'île de France. Puisque Lapérouse avait communiqué son plan de navigation au ministre de la Marine dans la lettre qu'il avait confiée aux Anglais avant de quitter la Baie Botanique, les deux voiles cherchaient les vestiges de l'expédition navale le long de l'itinéraire indiqué. Il y avait déjà tant à investiguer, que personne n'imaginerait jamais que trois Français de l'expédition disparue survivaient en abord de la route dans l'une des dernières îles inconnues du Pacifique. Le piège s'était refermé sur eux. Ils passeraient le reste de leur vie à Vanikoro.

Leur abattement fut de courte durée, et se mua en énergie rageuse. L'alizé s'était bien établi, et les effets de la mousson qui forcissait sur l'océan Indien se faisaient sentir. La mer de sud-est était creuse et moutonnait beaucoup mais elle était maniable et la yole tenait bien la mer. Ils iraient à Santa Cruz au largue, en mouillant beaucoup mais sans difficulté. Il leur fallait d'abord retourner à Païou à contre vent, pour faire de l'eau, prendre les fusils et sortir du lagon par la fausse passe de la frégate. Elle s'était cassée en deux et les châssis vitrés de sa poupe avaient été ravagés par les déferlantes, mais elle conservait toujours ses bas mâts. L'épave obstruait en grande partie la fausse passe, appuyée au récif à bâbord et laissant libre un étroit chenal sur son tribord. L'un dans l'autre, ils seraient à Santa Cruz d'ici quatre jours, et ils y trouveraient les deux navires au mouillage dans la baie Graciosa.

Lapérouse savait tout ou presque de cette île, sans aucun intérêt sinon son histoire qui le fascinait.

— Alvaro Mendaña et son pilote Pedro Fernándes de Quiros étaient à la recherche des îles Salomon pour y implanter une colonie chrétienne. C'était il y a deux siècles. Le vendredi 8 septembre 1595 exactement, ils sont entrés dans une baie profonde de l'île qu'ils venaient de découvrir et de baptiser Santa Cruz. Les quelque sept cents marins, soldats et colons espagnols à bout de forces après une traversée éprouvante ont nommé Gracieuse cette baie qu'ils voyaient avec les yeux émerveillés de navigateurs épuisés de faim et de soif.

— Je sens à votre ton qu'ils ont été déçus. C'est ça ?

— Une dramatique erreur, Rollin. Sans doute la luxuriance de la nature alentour leur faisait-elle augurer des récoltes abondantes et des voisins sociables. Elle était mortifère en réalité. Installés au bord d'une vasque naturelle alimentée par un cours d'eau vivace et clair, les Espagnols étaient proches de l'embouchure d'une seconde rivière aux frondaisons charmantes.

— Les moustiques !

— Exact. C'était le repaire d'une colonie de moustiques véhiculant la malaria. Constamment attaquée par les sauvages et privée de vivres, la colonie embryonnaire s'est débattue dans un enfer de guérilla, de disputes et de haine, de famine et de maladie. Mendaña a été mis en terre le 17 octobre. Je sais cette date depuis longtemps. Lorenzo Baretto, commandant le navire amiral, est mort peu après, laissant à Quiros le contrôle d'une situation désespérée.

Ayant remonté la côte Ouest escarpée de l'île, Caraurant à la proue signala le petit volcan Tinakula qui semblait baliser l'entrée de Graciosa. La baie commença à s'ouvrir sur tribord. Ils y engagèrent la yole, impatients d'apercevoir les deux frégates au mouillage. Et puis ils durent se rendre à l'évidence, la baie était vide. Les deux frégates seraient-elles reparties à peine arrivées ? Sans même que les explorateurs aient enquêté sur le passage de deux bateaux identiques aux leurs ? Ils avançaient dans Graciosa, imaginant qu'un repli du rivage pouvait cacher les bateaux au regard, quand une flottille de canots se dirigea vers eux à grands coups de pagaies qui faisaient voler des gerbes d'eau. Ils comptèrent bien une cinquantaine de pirogues. Les naturels portaient des parures faites de dents de requins, de nacre et de coquillages. Leurs cheveux étaient teints de différentes couleurs, surtout blancs ou rouges. Certains avaient la moitié du crâne tondue. Ils étaient hideux. Héritiers des agresseurs d'Alvaro Mendaña, ils leur lancèrent une volée de flèches qu'ils évitèrent de justesse en se jetant au fond de l'embarcation. Ils répondirent de quelques coups de fusils et virèrent cap pour cap précipitamment. La raison pour laquelle les bateaux inconnus avaient quitté aussitôt Santa Cruz était claire. Ils n'avaient pas moins perdu tout espoir de secours.

Il leur fallut cinq jours et quatre nuits pour retourner à Vanikoro en louvoyant contre le vent, Lapérouse à la barre, Rollin aux écoutes et Caraurant écopant sans discontinuer car la yole embarquait des paquets de mer en franchissant chaque vague. Des lames bienveillantes pour un navire de mer étaient autant d'obstacles abrupts pour une embarcation de trente pieds non pontée, aussi marine fût-elle. Leur combat contre la mer, leur fatigue physique et nerveuse et la faim leur firent oublier tout le reste. Quand ils prirent pied en titubant de fatigue et agités de tremblements spasmodiques sur la plage de Païou, leur enclos leur sembla un petit paradis. C'est en se réveillant de leur sommeil comateux qu'ils réalisèrent qu'ils étaient désormais des morts vivants. Des marah.

L'expédition d'Entrecasteaux s'était engluée dans des péripéties désastreuses. Le climat psychologique des officiers, des savants et des équipages était délétère, conséquence du désordre, de l'insubordination et de l'indiscipline qui minaient désormais la marine exemplaire de la guerre d'Amérique. L'ambiguïté de la double mission de recherche de survivants de l'expédition Lapérouse et d'exploration scientifique portait les germes d'une dispersion des efforts et de querelles entre officiers et savants. L'*Espérance,* qui cachait sous un joli nom la gabare la *Durance,* marchait mal, retardant la division et attisant l'animosité entre les deux équipages. Enfin, la zone intertropicale dans laquelle se trouvaient circonscrites leurs recherches était dangereuse pour la navigation, soumise à des vents imprévisibles, et surtout malsaine. Les pluies diluviennes, la chaleur extrême, les insectes introduits dans le bois pour les cuisines, blattes dévorant bois et papiers, charançons et scorpions avaient épuisé les équipages, ravagés par toutes les pathologies mortifères, scorbut, fièvres et dysenterie.

N'étant pas parvenu à trouver une passe dans le sud de la barrière calédonienne et ayant manqué de très peu faire naufrage dans les parages de l'île des Pins, l'amiral avait mouillé au havre de Balade sur la côte nord-est de la Nouvelle-Calédonie. Il y avait fait un horrible constat qui avait échappé à Cook.

VOYAGE
DE
DENTRECASTEAUX
ENVOYÉ À LA RECHERCHE DE LA PÉROUSE
PUBLIÉ
PAR ORDRE DE SA MAJESTÉ L'EMPEREUR ET ROI
Sous le ministère de S.E. le vice-amiral Decrès
Comte de l'Empire

Lundi 22 avril 1793

Ce peuple est anthropophage. Ce jour même, on fit une découverte qui ne permit plus de révoquer en doute qu'ils ne se souillent de cette affreuse nourriture. Un os humain où restaient encore quelques lambeaux de chair grillée fut donné par un de ces féroces insulaires à M. Piron, qui l'avait vu s'en repaître. L'instant d'après, M. Piron le remit à M. La Billardière, qui le reconnut pour avoir appartenu aux os du bassin d'un enfant de quatorze à quinze ans.

Le 19 mai, quand la *Recherche* et l'*Espérance* défilèrent devant Vanikoro, le capitaine de vaisseau Huon de Kermadec commandant l'*Espérance* venait de mourir en mer et l'amiral était au plus mal.

19 mai 1793

Le 19 à six heures du matin, on vit une terre qui semblait divisée et former deux îles ; le milieu restait à l'Est 1° Nord. On découvrit en même temps, mais moins distinctement, une autre terre plus étendue, qu'on releva du Nord 7° Est au Nord 20° Ouest. Nous jugeâmes que celle-ci était l'île de Santa Cruz de Mendaña, et les deux autres îles celles que Carteret désigne sous les noms d'îles de Lord Edgcombe et d'Ourry. Une autre île fut vue peu de temps après dans l'Est 32° Sud. Toutes ces îles font partie du groupe appelé par Carteret îles de la Reine Charlotte. L'île relevée dans l'Est 32° Sud n'avait pas été aperçue par Carteret ; nous l'appelâmes île de la Recherche ; nous la vîmes dans un si grand éloignement que nous ne pûmes la placer sur nos cartes avec précision. On a cependant déterminé sa latitude et sa longitude et elle doit être à quelques minutes près par 11°40' de latitude et par 164°25' de longitude.

Renonçant à mouiller dans Graciosa devant l'agressivité des naturels, et ne pouvant explorer les contours de Santa Cruz en raison de courants violents et du vent mou, l'expédition resta trois jours en vue de l'île sans toucher terre, et elle poursuivit sa route vers la Nouvelle-Guinée. Bruny d'Entrecasteaux allait s'éteindre le 20 juillet, et le commandement reviendrait au capitaine de vaisseau d'Hesmivy d'Auribeau. Devant la dégradation de la santé des équipages, il allait décider de se réfugier à Surabaya.

La saison des orages

Ils laissèrent passer une semaine sans se parler, par respect réciproque de leur douleur et de leur solitude, chacun gérant sa détresse, ni l'un ni l'autre n'osant prononcer le premier mot d'une existence qui recommençait sur des fondements inimaginables. La lipomée s'enhardit à investir l'observatoire. Le 21 juin, avant la première chaleur du matin, le chirurgien entra dans le *Muséum*, hésita devant la collection de l'*Encyclopédie* dont il consulta les dos, et en sortit le tome IV qu'il posa sur la table. Il trouva le mot qu'il cherchait au bas de la première colonne de la page 882.

DÉSESPOIR, s. m. (Morale.) Inquiétude accablante de l'âme causée par la persuasion où l'on est qu'on ne peut obtenir un bien après lequel on soupire, ou éviter un mal qu'on abhorre.

Cette triste passion qui nous trouble & qui nous fait perdre toute espérance agit différemment dans l'esprit des hommes : Quelquefois elle produit l'indolence & le repos ; la nature acca-

blée succombe sous la violence de la douleur : quelquefois en se privant des seules ressources qui lui restaient pour remèdes, elle se fâche contre elle-même, & exige de soi la peine de son malheur, si l'on peut parler ainsi ; alors, comme dit Charron, cette passion nous rend semblables aux petits enfants qui, par dépit de ce qu'on leur ôte un de leurs jouets, jettent les autres dans le feu. Quelquefois au contraire le désespoir produit les actions les plus hardies, redouble le courage, & fait sortir des plus grands périls.

Suivaient des considérations un peu confuses qu'il balaya du regard jusqu'à la signature :

Art. de M. le Chevalier DE JAUCOURT.

Le chirurgien resta songeur un long moment, puis remit le tome IV à sa place et sortit. Il s'engagea sur le sentier tracé vers la montagne, et parvint au cimetière. Une herbe drue d'un vert sombre et luisant avait depuis longtemps rendu à la nature les tombes et la fosse commune, et seule la grande croix de bois indiquait que cette prairie tropicale était un lieu de mémoire. Il se signa, et s'accroupit pour toucher le sol, passant sa main dans l'herbe en communion avec leurs morts. Puis il se redressa et se tint immobile bras croisés face à la montagne. Exceptionnellement, son sommet était entièrement dégagé. Un troupeau de nuages blancs pommelés, très haut dans le ciel, lui rappela fugitivement une excursion naturaliste dans les monts d'Arrée près de Brest par un bel été breton. Les bananiers à contre lumière étaient d'une jolie transparence vert clair. La cocoteraie bruissait au souffle des alizés, en contre-point du bourdonnement lointain du récif dans son dos. Le paysage était serein, il faisait encore doux avant les heures chaudes, et il fut surpris d'une impression inattendue, comme une bouffée de gratitude. Alors, il brandit le poing vers le ciel et hurla :

— Tes sortilèges ne me trompent pas, Vanikoro ! Je t'échapperai.

Il regagna l'enclos en sifflant la marche d'*Idoménée*. Le chef d'escadre était assis sur le seuil de la case d'habitation, les mains à plat sur les planches de part et d'autre de ses genoux, les yeux dans le vague. Le chirurgien s'accroupit en face de lui et chercha son regard.

— Il fait beau aujourd'hui, monsieur. Vanikoro s'est faite câline, comme pour nous donner l'envie de vivre ici paisiblement. – Il se redressa d'un mouvement vif. – Mais nous allons partir.

Lapérouse haussa les épaules sans lever la tête.

— Partir où ? Et comment ? Naviguer au long-cours sur la yole ? Nous n'avons plus aucune carte marine, puisque nous les avons données à l'*Octant*. Ce serait folie. Ou précipitation de notre mort, ce qui est une suggestion recevable.

— Ni l'une ni l'autre. Je ne songe pas à rejoindre l'Indonésie ni l'océan Indien bien entendu. Par contre, il n'est pas besoin de carte pour rallier les Nouvelles Galles du Sud et retrouver la Baie Botanique, à bord de la yole. L'Angleterre sait maintenant, comme Sa Majesté, que notre division navale a disparu. Le secret est levé. Jaucourt nous encourage à oser. J'ai cherché son conseil quant au désespoir qui nous abat. Il me l'a donné. Nous sommes le 21 juin. En tant que vénérable de la loge du *Grand Océan*, j'ouvre la tenue du solstice d'été. Allons au temple, frère.

Le chirurgien sortit le tome IV et le feuilleta rapidement. Il lut à haute voix le texte qu'il venait de trouver, insistant sur la dernière phrase du premier paragraphe.

Quelquefois au contraire le désespoir produit les actions les plus hardies, redouble le courage, & fait sortir des plus grands périls.

— Nous allons nous engager dans une action hardie mais pas insurmontable après ce que nous avons vécu. Espiritu Santo est à portée. Nous descendrons les Nouvelles-Hébrides jusqu'à Malakula d'où nous gagnerons sans peine la Nouvelle-Calédonie. Ensuite, en faisant route au sud ou au sud-sud-ouest, comme vous voudrez, nous nous mettrons à la latitude de la Baie Botanique. Les Britanniques sont juste un peu plus haut à Port Jackson. Toutes les coordonnées dont nous aurons besoin ont sûrement été notées dans le journal de navigation de la frégate. Le compas d'embarcation de la yole est suffisant, vous avez conservé un octant, et vous allez reprendre dès demain les tables éphémérides du Soleil que vous avez cessé d'établir. C'est plus qu'il n'en faut. Nous allons nous débattre pour sortir de là.

Lapérouse fronçait les sourcils, mais aux frémissements de son visage, on voyait qu'il était ébranlé. Il garda le silence pendant que le chirurgien remettait le lourd volume à sa place. Il se leva et s'appuya des deux mains à la table.

— Et c'est vous qui avez échafaudé ce plan, monsieur le chirurgien et naturaliste ? Soit. L'officier de marine que je suis vous entend. Reste à évaluer la capacité de la yole de composer avec le vent. L'alizé sera tout le temps contre nous. Nous venons de vérifier qu'elle n'est pas une embarcation de haute mer. Dans l'alternative que j'évoquais tout à l'heure, je retiens la folie.

— Justement. Folie pour folie. Notre acte déraisonnable nous préservera de tomber dans la démence qui nous guette. Vous connaissez le régime des alizés et de la mousson dans le Pacifique occidental. Nous partirons au meilleur moment.

Lapérouse, qui manipulait machinalement la mollette de réglage du microscope de Culpeper, se releva et marcha vers l'ouverture de la case. Il répondit de dos :

— Il est vrai que nous noyer ou mourir d'inanition dans cette tentative aurait au moins le mérite de nous libérer. Laissez-moi réfléchir. J'ai besoin d'estimer le temps que nous mettrons, en admettant que nous parvenions aux Nouvelles Galles du Sud, et d'évaluer notre capacité d'emporter notre subsistance et assez d'eau. Il faut à tout le moins que ce défi ne soit pas un suicide déguisé.

Il sortit de la case, et se retourna, la tête à l'intérieur, s'appuyant des deux mains au chambranle.

— Merci, Rollin. Vous avez raison. Nous allons tenter cela. Et réussir.

— Rendez une action de grâce de la part du chevalier de Jaucourt, monsieur.

Caraurant signifia d'un geste sec du poignet à la lipomée qui avait commencé à s'approprier le quart de cercle de l'Observatoire de Paris, que l'astronomie était de retour. La cérémonie de la méridienne reprit son cours. À une différence près, parce que l'assistant avait aussitôt averti qu'il resterait à Vanikoro.

— Maïna n'aurait pas sa place à Guiasse en Béarn d'où je suis natif, sinon dans la baraque d'un montreur de foire. Manuké aura dans quelques mois un petit frère ou une petite sœur. Je garderai le *Muséum* jusqu'à ce que vous reveniez prendre les collections. Et puis je resterai ici. Vous savez, monsieur le comte, sauf votre respect, je me demande si les gens de chez moi vivent plus heureux que ceux de Païou. Pour la vie courante, je veux dire. À part qu'ils portent des chaussures, et encore pas tous, des vêtements, et qu'ils vont à la messe le dimanche. Sinon, les jours sont aussi durs, et les travaux de la terre sont beaucoup plus pénibles au Béarn pour les journaliers. Et puis il y a de la misère là-bas. Ça n'existe pas à Vanikoro, la misère.

Le domestique s'était tu, les yeux sur ses pieds, gêné d'avoir tant parlé. L'officier et le chirurgien étaient restés médusés.

MISÉRABLE, adj. & s. (*Gramm.*) *Celui qui est dans le malheur, dans la peine, dans la douleur, dans la misère, en un mot, dans quelque situation que lui rend l'existence à charge, quoique peut-être il ne voulût ni se donner la mort, ni l'accepter d'une autre main. La superstition & le despotisme couvrent & ont couvert dans tous les temps la terre de misérables.*

MISÈRE, s. f. (*Gramm.*) *c'est l'état de l'homme misérable. Voyez.* MISÉRABLE

Il y a peu d'âmes assez fermes que la misère n'abatte & n'avilisse à la longue. Le petit peuple est d'une stupidité incroyable. Je ne sais quel prestige lui ferme les yeux sur sa misère présente, & sur une misère plus grande encore qui attend sa vieillesse. La misère est la mère des grands crimes ; ce sont les souverains qui font les misérables, qui répondront dans ce monde & dans l'autre des crimes que la misère aura commis. On dit dans un sens bien opposé, c'est une misère, pour dire une chose de rien ; dans le premier sens, c'est une misère que d'avoir affaire aux gens de loi & aux prêtres.

Les textes à la page 575 du tome X étaient signés de Diderot. Ils étaient restés consternés. La dénonciation des méfaits de la monarchie absolue les dérangeait, et si le brocard habituel des prêtres les amusait plutôt, ils n'avaient pas trouvé dans le grand dictionnaire un éclaircissement quant aux raisons pour lesquelles l'homme naturel échapperait à la misère. Pire, ils étaient désignés eux-mêmes dans « une situation qui leur rendait l'existence à charge ». Ils avaient découvert leur appartenance au genre des misérables, condamnés selon les prédictions de l'écrivain philosophe soit à se donner la mort, soit à l'avilissement. À la déchéance en tout cas, de plus en plus profonde avec la vieillesse.

— Diderot confirme Jaucourt. Notre devoir d'hommes est de nous échapper d'ici.

— Bien sûr, Rollin. Coûte que coûte. Mais pas n'importe comment. Nous ne sommes pas des prisonniers qui nous évadons. Nous sommes des officiers de la marine soucieux de retourner au plus vite servir le roi.

La période favorable commencerait à la mi-décembre. C'était un point acquis. Ce serait alors la transition de la renverse de la mousson, et les alizés du sud-est seraient assagis. Avec un risque non négligeable de grands calmes où ils resteraient immobilisés jusqu'à se dessécher, ils souffleraient modérément de secteur Est. Ils avaient six mois pour se préparer.

Le *Muséum* fut réquisitionné pour servir de bureau des opérations navales. Débarrassée de ses bocaux, de ses boîtes en carton et des herbiers, la table de travail reçut les cahiers d'observation, l'octant dans son étui triangulaire en acajou, et le compas d'embarcation de la yole. Parmi les ouvrages scientifiques rescapés relatifs aux voyages, ils avaient retenu l'*Histoire des navigations aux terres australes* de l'incontournable président de Brosses et la relation des voyages de Cook par Hawkesworth. C'était malheureusement la version en langue anglaise. Pour préparer la navigation, Lapérouse avait retenu le *Coelum australe*, le catalogue des étoiles du ciel austral établi par l'abbé de La Caille, l'un des pères de la longitude astronomique en mer et le *Discours du Neptune oriental* d'Après de Mannevillette, le génial hydrographe de la Compagnie des Indes.

La moitié de la table était recouverte d'une feuille de papier à dessin au format Grand Aigle, récupérée dans les cartons du lieutenant de vaisseau Blondéla. Lapérouse y avait tracé un carroyage que les marins appelaient « réduit », c'est-à-dire tenant compte de la convergence des méridiens aux pôles, fondement des cartes marines modernes, entre les méridiens 150° et 170° Est, et les parallèles 19° et 35° Sud. C'est sur ce canevas qu'il allait construire leur carte de navigation. Comme l'avait suggéré le chirurgien, le journal de la frégate conservait les coordonnées géographiques des points d'ancrage de leur route. Il les avait retranscrits en tableau.

	Latitude	Longitude de Londres	Longitude de Paris
Vanikoro	11°41'16"S	166°50'E	164°29'49"E
Pointe Nord d'Espiritu Santo	14°39'S	166°35'E	164+34'49"E
Pointe Sud de Malakula	16°34'40"S	167°30'30"S	165°10'19"E
Ile des Pins (Sud Nouvelle-Calédonie)	22°36'15"S	167°30'E	165° 9'49"E
Baie Botanique	34°00'11"S	151°14'45 E	148°54'34"E

À partir de quoi le chef d'escadre traça sur son canevas cartographique la route qu'ils suivraient de point en point. Son but n'était pas de dessiner un auxiliaire indispensable de navigation puisqu'ils navigueraient quasiment à vue dans les Nouvelles-Hébrides puis jusqu'à la Nouvelle-Calédonie par les îles Loyauté, et qu'ils descendraient ensuite cap au sud jusqu'à la latitude de Botany Bay. Un cap à l'ouest les conduirait aux Nouvelles Galles du Sud. Le problème était la distance à parcourir, et en fonction de cela, le temps qu'ils devraient passer en mer. En tenant compte des louvoyages, ils couvriraient quelque deux mille cinq cents milles marins. Sans être optimiste, la yole pourrait naviguer à une moyenne de quatre à cinq nœuds. Ils passeraient donc vingt à vingt-cinq jours en mer. Ces données leur permettaient de prévoir des vivres et de l'eau pour deux personnes pendant un mois en calculant large, et d'apprécier le poids et l'encombrement à embarquer dans une embarcation conçue pour des services de rade.

Rollin se chargea naturellement de l'approvisionnement. Galettes de taros et bananes séchées. Caraurant proposa de saler et de fumer un jambon à la manière du Béarn, pour qu'ils disposent de viande à consommer froide. Il demanda à être autorisé à échanger deux haches contre la charcuterie sur pieds.

— Ce sont des petits cochons malingres, mais le cours du fer est en baisse, monsieur le comte. Les gens d'ici arrachent tout ce que la frégate pouvait avoir en fer, depuis les moindres clous jusqu'aux courbes de bau dont ils ne savent trop que faire. Ils les ramènent dans leurs pirogues, mais elles dépassent la capacité de leurs outils. Ils en font commerce avec les îles avoisinantes.

Trois barils de galère de vingt pintes leur conserveraient une pinte par homme et par jour. Ils feraient office de lest, les deux premiers barils vides étant remplis d'eau de mer. Caraurant tailla et cousit à gros points deux manteaux de mer dans les prélarts qui renforçaient le toit de l'observatoire, remplacés par plusieurs couches de feuilles de pandanus. Le reliquat servit à découper un taud qu'ils clouèrent sur l'avant du mât de misaine de l'embarcation en manière de demi-pont.

Pendant que ces préparatifs occupaient l'enclos, un événement marginal allait avoir des conséquences disproportionnées. À la fin de la nuit du 10 au 11 octobre, une flottille de pirogues d'un village de Te Anu aborda le côté bâbord de l'épave de la frégate, invisible depuis Païou. En quête de fer, les Maoris se jetèrent sur le porte-haubans bâbord du grand-mât, dont les cadènes, les pièces de liaison des caps de moutons et les mailles de fixation rivées au bordé avaient résisté aux récupérateurs. Le matériau le plus tendre étant le chanvre pourri des ridoirs, ils eurent tôt fait de sectionner les six haubans. Le pied de mât noyé à fond de cale étant depuis longtemps rongé par les tarets, il se rompit net et s'effondra sur tribord, entraînant le mât d'artimon par l'étai qui les reliait, et écrasant au passage trois des prédateurs. Les Tikopiens se jetèrent dans leurs pirogues et s'enfuirent à grands coups de pagaie vers le large, puis rejoignirent à la voile leur tribu par l'extérieur de la barrière de corail. Les deux mâts rompus restèrent quelques jours en travers du chenal, puis dérivèrent sur le récif où leurs hunes se coincèrent dans le corail, retenues à l'épave par quelques haubans ayant survécu à l'écroulement de la mâture.

Dans la matinée du 25 octobre, devant la rade de Surabaya, le capitaine de vaisseau d'Auribeau s'étonnait d'attendre depuis une semaine le retour de son émissaire, le lieutenant de vaisseau Trobriant, envoyé solliciter l'autorisation du gouverneur de prendre un mouillage en rade. Il savait par une relâche aux Moluques que la France était en guerre contre l'Autriche, mais il était couvert par un sauf-conduit délivré par les États-Généraux de La Haye avant leur départ. Il ordonnait aux autorités des colonies hollandaises d'accueillir les frégates du roi de France en mission pacifique à la recherche de Lapérouse.

Un prao vint accoster la *Recherche*, porteur d'un message de l'officier.

Je suis prisonnier de guerre. La France est en guerre contre la Hollande et toutes les puissances de l'Europe. L'Assemblée nationale a été dissoute et remplacée par une Convention qui s'est arrogé le pouvoir suprême sans avoir été investie par la nation. Notre patrie, à moitié envahie par les armées étran-

gères, est en proie à l'anarchie, aux déchirements d'une guerre civile. Le roi a eu la tête tranchée.

Dernier titulaire du commandement d'une expédition vouée au malheur, le commandant d'Auribeau allait mourir subitement le 29 août 1794, ayant vraisemblablement mis fin à ses jours.

À Vanikoro, le 29 décembre 1793, un dimanche dans le reste du monde selon le chirurgien, les alizés s'étaient calmés et la yole était prête. Ils embarquèrent l'octant et la boussole, et leurs quatre fusils après avoir débattu de leur utilité. Lapérouse confia son pistolet à son domestique.

— Vos meilleures défenses sont Maïna et Manuké, mais on ne sait jamais. Vous me le rendrez quand nous reviendrons avec les Anglais.

Le soleil était déjà haut quand ils appareillèrent sous misaine et tape-cul, Lapérouse ayant décidé de franchir la passe avec un gréement simplifié, et d'envoyer la grand-voile hors du lagon. Caraurant les escortait sur la pirogue de ses beaux-frères, Namuko et Moloé « aux cheveux rouges » nommé ainsi en raison de sa tignasse tirant sur l'ocre rouge. L'embarcation était une sorte de gros moustique. Sa coque taillée dans un tronc d'arbre à pain était reliée par des bambous à un flotteur ou balancier d'équilibre.

Sa curieuse voile en feuilles de pandanus tressées, tendue entre deux perches, reposait sur sa pointe inférieure et se découpait comme une pince de crabe ouverte sur le ciel exceptionnellement d'un indigo pur. Ils découvrirent de loin le dématage de la frégate, d'où ne se dressaient plus que le bas mât de misaine et le beaupré.

— Je les vois, monsieur. Les mâts sont échoués sur le récif à gauche. Le chenal est clair.

— C'est heureux.

Les déferlantes brisaient sur le récif, et balayaient le chenal sur un rythme ternaire que Lapérouse analysa avec attention.

— Trois houles déferlantes et une accalmie de deux minutes. C'est largement assez pour passer. De toute façon, nous pouvons les franchir de front avec de la vitesse.

Après des gestes d'amitié en direction de la pirogue, ils se lancèrent.

— On y va, Rollin. Soyez paré aux écoutes. Attention à border ou à choquer rondement la misaine si j'en donne l'ordre.

Une risée d'est-nord-est les fit gîter, et ils s'engagèrent à bonne allure dans la passe, bâbord amures au largue. Brusquement, la yole s'arrêta net, sans bruit, d'un choc mou mais assez brutal pour que le chirurgien soit précipité à la mer. Lapérouse affala le tape-cul, enjamba les bancs et se jeta sur le plat-bord à l'avant. Il constata qu'ils étaient empêtrés dans le filet tendu entre deux eaux par les haubans et les enfléchures du grand-mât. Avant qu'il ait le temps d'affaler la misaine, l'embarcation tirée par le vent pivota autour de son étrave bloquée et se mit en travers du chenal. Rollin avait nagé vers une cadène pendant sous le porte-haubans d'artimon de la frégate, et s'y était agrippé. Ils virent la première des trois vagues se gonfler lentement en courant sur eux. Elle s'écrasa sur la poupe de la frégate et s'abattit sur la yole qu'elle fit chavirer. Le chef d'escadre disparut sous elle, et fut jeté contre le corail. La déferlante écrasa la yole sur le récif et mit sa proue en miettes. Les deux vagues suivantes achevèrent de la détruire. La pirogue de Moloé vint à la pagaie les repêcher, choqués. Namuko récupéra même le fifre.

— C'est pas de chance, monsieur le comte. C'est pas croyable ! répétait en hochant la tête le domestique désemparé jusqu'à ce que le chirurgien lui fasse de la main signe de se taire.

Ils restèrent un long moment à contempler le désastre, puis Lapérouse, qui saignait de profondes éraflures au torse et aux bras, demanda d'un mouvement de la tête de retourner à Païou.

Au moment où ils allaient toucher la plage, il serra la main des beaux-frères, et demanda à Caraurant de leur traduire ses remerciements pour leur avoir sauvé la vie. Alors qu'ils pataugeaient dans l'eau pour débarquer, il retint le chirurgien par le bras.

— Nous avons fait ce que nous avons pu pour donner raison au chevalier de Jaucourt, Rollin. Nous voulions nous montrer dignes de notre état d'officiers de la marine royale. C'est fait. Eh bien, je crois que maintenant il va falloir nous en souvenir. Voulez-vous vous occuper de mes écorchures ?

Je suppose que vos cannibales savent confectionner des pommades et appliquer des feuilles d'arbres tabous pour emplâtrer les blessures de corail. Elles mettent un temps fou à cicatriser, et ça me brûle intensément.

Et, se tournant vers le domestique qui aidait à dégréer la pirogue et à emporter les pagaies.

— Le dîner comme d'habitude, Caraurant. – Il leva les bras. – Eh oui ! Que voulez-vous, nous sommes encore là.

C'est le surlendemain, le traumatisme de leur accident s'étant estompé, qu'ils réalisèrent l'échec de leur ultime tentative d'évasion d'une île abandonnée du créateur. À moins de construire une pirogue de voyage ? Sauf qu'ils avaient perdu l'octant et la boussole, et que la grande barrière de corail et le désert des Nouvelles Galles du Sud étaient beaucoup trop dangereux pour être abordés n'importe où. Ils y réfléchiraient en tout cas. Puisque les hommes de Vanikoro n'étaient pas des navigateurs capables de les conseiller, ils chercheraient dans les mémoires du capitaine Cook comment établir les plans d'une grande pirogue à balancier pour la mer. Et puis, faute d'octant, l'officier émit le projet de confectionner une arbalète, le vieux bâton de Jacob, qu'il graduerait par la géométrie. Les Hollandais continuaient à préférer cet instrument hors d'âge, et s'en servaient avec talent. Beaucoup de pistes restaient à explorer.

Ils se tenaient comme chaque soir sous l'auvent de palmes, trempés de la dernière averse, mais l'air était tiède, et cette humidité ne les dérangeait plus. On apercevait à travers l'ouverture de la case une table dressée avec soin sur une nappe brodée. Un candélabre d'argent à trois chandelles faisait briller une vaisselle en porcelaine de Chine, de l'argenterie et des verres en cristal. Malgré son pantalon de toile effrangée et l'unique bouton fermant son gilet, Caraurant en perruque jaunâtre avait un air de grande maison.

— Que fêtons-nous aujourd'hui, Rollin ? Il y a bien cinq ans, en tout cas depuis que nous avons renoncé à achever la grande pirogue, que nous n'éclairons plus notre souper pour économiser les chandelles. Ce n'est pas mon anniversaire. Ni le vôtre si je me souviens bien, et nous sommes convenus depuis longtemps de ne plus les célébrer. Quelle nouvelle ou quel saint mériterait cette illumination ?

— C'est aujourd'hui un nouveau siècle, monsieur. Nous sommes le 1er janvier de l'an 1800.

— Un nouveau siècle ! Chaque journée est lourde de la morosité de la veille, sûre de l'averse du soir suivie du tournoiement insupportable des chauves-souris, et du retour d'une nuit qui s'ouvrira sur un lendemain identique à la veille. Chaque jour est une éternité. Alors, votre petit siècle !

Son interlocuteur réfuta de la tête.

— J'ai appris ici la patience, et la richesse de menus bonheurs. Je m'émerveille encore que, chaque trentaine de jours, se glisse entre deux journées ordinaires un mois nouveau. Ici comme là-bas. Quelquefois une année toute neuve. Et aujourd'hui, le cadeau d'un nouveau siècle, monsieur ! Ne laissons pas passer l'événement. Nous n'en vivrons pas un second. Nous venons de laisser derrière nous le siècle des Lumières comme une cigale abandonne sa chrysalide sur le tronc d'un olivier. Nous entrons aujourd'hui dans le XIXe siècle. Comment s'inscrira-t-il dans l'histoire ?

— Vous êtes lyrique, Rollin. Bravo, votre chrysalide. C'est élégant. Mais où allez-vous chercher tout ça ? Ah ! J'oubliais votre jargon de naturaliste. Notre siècle est donc mort, puisque vous l'affirmez. *De profundis.* Je gage que vos lumignons funèbres n'auront pas la vertu de contribuer à l'éclairement du nouveau. Et d'ailleurs, qu'en avons-nous à faire ?

Il laissa la question en suspens, et baissa le ton, regrettant de s'être emporté.

— Vous savez comme moi que rien ne changera d'ici à demain. Nous sommes des moines malgré nous, Rollin. Inutiles comme tous les parasites en robes de bure que nous avons rencontrés dans les missions espagnoles d'Amérique. Sauf que nous sommes moins paillards qu'eux. Les Mélanésiens s'émeuvent des bonnes ou des mauvaises récoltes et des colères des dieux en comptant les pleines lunes. Mais nous ? Vous voyez vraiment une différence entre aujourd'hui et hier, Rollin ? Moi, non. Sinon que mon gros orteil gauche a crevé mon dernier bas ce matin. Nous entrons, nous deux, dans le siècle des guenilles. Arrêtez de compter les jours, Rollin. Vous m'énervez à la fin avec vos manies.

Le chirurgien leva les sourcils d'étonnement.

— Mais, monsieur, en marquant les jours, j'affirme mon appartenance au monde civilisé. Et la vôtre. Nous chassons déjà les roussettes et les pigeons à l'arc depuis la perte de nos fusils dans le naufrage de la yole. Prenons garde. Marquer les jours est la seule occupation qui nous relie au vrai monde. À celui auquel nous appartenons toujours, tout en étant retenus ici. Vous travailliez naguère à vos éphémérides et vous avez cessé. Pourtant, nos jours restent bien marqués, différents l'un de l'autre, et je les identifie tous les soirs dans mon journal.

Lapérouse, qui l'écoutait distraitement, haussa les épaules.

— Les naturels qui nous entourent n'ont pas cette notion, sinon l'alternance molle des saisons. Un peu plus ou un peu moins de pluie mais de la pluie chaque soir. Ils s'en portent très bien.

Le chirurgien protesta de la main.

— Vous savez bien qu'Aïo est venu réclamer le son de l'au-delà de la mer quand vous avez cessé d'observer la déclinaison du Soleil et de piquer midi.

— Mes observations méridiennes établissaient les éphémérides du soleil. J'ai décidé de fermer l'observatoire et j'ai arrêté mon journal le 29 décembre 1793. Et vous savez pourquoi. Peut-être n'est-il pas entièrement rongé par les vers. Et je continue en effet à observer la culmination méridienne pour donner l'heure à des sauvages.

— Nous avons sauvé le temps, monsieur, grâce à notre horloge et à votre instrument astronomique.

Le chef d'escadre croisa les mains dans son dos et fit quelques flexions de jambes.

— Le temps. Nous l'aurions sauvé selon vous. Quelle prétention ! Il n'a jamais cessé de nous gouverner. Nous sommes ses captifs. Il nous surveille tranquillement, comme un chat guette une souris avec un air préoccupé, alors qu'il sait parfaitement qu'elle ne pourra lui échapper.

— Mais je lui échappe, monsieur ! Tous les jours ! Je m'évade. Je communique quotidiennement avec l'autre côté de la Terre. M. d'Agelet m'avait expliqué que, sans y prendre garde dans notre circumnavigation, nous avions devancé les horloges de Paris de presque onze heures à quelques minutes près. Je suis la marche des jours et des saisons là-bas. Sans oublier de tenir compte tous les quatre ans des années bissextiles. 1796 l'était, et 1800 non parce que divisible par cent. Il faut faire attention. D'où nous venons, chaque jour est un nouveau jour. Un jour différent, riche de ce qu'il va contenir de prévu et d'inattendu. J'imagine leurs péripéties. Là-bas, c'est le matin. Un matin frais de début d'hiver. Savez-vous que le 23 août dernier, on a fêté à Versailles dans la liesse les quarante-cinq ans du roi et les vingt-cinq ans de son règne ? Il faisait très lourd en cet été de 1799 à Versailles.

Lapérouse se retourna vivement, furieux.

— Et vous n'avez pas jugé bon de m'associer à cet anniversaire ? J'ai rencontré Sa Majesté, moi.

— Ce jour-là, monsieur, vous étiez de trop méchante humeur parce que l'horloge s'était déréglée depuis la veille et que sa marche s'était altérée. Vous m'avez fait une scène en m'accusant d'avoir forcé le ressort au remontage.

Rollin se regarda ostensiblement les ongles de la main gauche, pour afficher un air désinvolte.

— Au fait, monsieur, nous avions tous remarqué que vous n'avez pas exprimé votre gratitude au roi selon l'usage, en consacrant à la famille royale l'une des baies ou l'un des caps que vous avez découverts en Californie et en Tartarie. Vous avez baptisé au hasard de vos amitiés ou de votre admiration des caps Hector ou Fleurieu, des îles Dagelet ou Monneron, des baies de Ternay, de Suffren, de Langle, d'Estaing ou de Castries. Même M. de Lamanon que vous détestiez a eu droit à un pic. Nous nous sommes même demandé avec M. de Clonard si vous adhériez trop à vos idées libérales pour apposer le sceau du roi sur les régions vierges de la géographie.

— N'importe quoi ! Et la baie du Roi Louis ? Ce n'était peut-être pas une bonne idée eu égard à l'agressivité des Kanaks. Je réservais au roi les découvertes les plus nobles, comme la côte occidentale de la Nouvelle-Calédonie, et surtout la partie encore inconnue de la Nouvelle Hollande.

— Sauf, monsieur, que personne ne saura jamais que le roi règne sur une baie de la Nouvelle-Calédonie.

Lapérouse écarta les bras et leva les yeux vers le ciel dans une attitude de fatalité.

— Vous êtes un maniaque, Rollin. Je vous pensais plus appliqué à la réalité de notre quotidien. À vos insectes et à toutes ces bestioles dégoûtantes que vous écartelez entre quatre épingles. Allez, soupons. Le ragoût de roussette refroidit.

Par principe convenu, ils gardaient pour eux leur mémoire d'avant les événements qui les avaient rassemblés puis déposés là, au-delà du bout du monde. Ce qui arrêtait leurs souvenirs communs aux campagnes de la guerre d'Indépendance américaine. Pour ne pas réveiller leur passé d'hommes ordinaires, lors de leurs promenades matinales côte à côte sur la plage, ils philosophaient autour de grands thèmes qui les sortaient du quotidien : la démocratie, les croyances et les superstitions, la fatalité de la guerre, les avantages et les inconvénients de l'émancipation des peuples, les raisons de l'impénétrabilité de la Chine ou encore l'influence réelle ou supposée des jésuites ou des francs-maçons.

Ils n'étaient pas dupes de la répétition sempiternelle de thèmes récurrents. Ils avaient l'un et l'autre fait le calcul sans l'avouer, quand ils traversaient le champ de lipomées, et dévalaient en trois bonds un court dénivellement en éboulis d'humus et de corail mort faisant la transition entre la prairie et la plage. Ils savaient qu'ils avaient arpenté l'estran plus de quatre mille cinq cents fois en douze ans, les yeux guettant les blocs de corail mort terribles pour les pieds. Ils en connaissaient chaque accident et chaque épave végétale, souche d'arbre ou tronc de cocotier. Ils feignaient donc d'entrer dans la conversation comme si elle était neuve, parce que cette thérapie était nécessaire à leur santé mentale.

Un sujet revenait volontiers, sur lequel Rollin lançait Lapérouse pour le plaisir de le voir s'échauffer, et parce qu'il pouvait diverger vers plusieurs variantes, une qualité très appréciable : l'état monacal le mettait hors de lui, le faisant monter au créneau dès qu'on l'y incitait. Jean-François de Galaup avait commencé à neuf ans six années d'études frondeuses au collège des jésuites d'Albi. Le chef d'escadre en avait conservé une légère teinture chrétienne, mais tout en étant d'une rigueur morale intransigeante, il était agnostique. Il n'était pas pour autant anticlérical, et il avait même une sincère admiration pour les religieux engagés dans le siècle. *Ces hommes vraiment apostoliques, qui ont abandonné la vie oisive d'un cloître pour se livrer aux fatigues, aux soins, aux sollicitudes de tous les genres,* avait-il écrit dans son journal. Il était par contre hérissé par l'inutilité parasite de la vie monacale.

Sa phobie avait trouvé un terreau fertile dans les communautés espagnoles du Nouveau Monde.

— Il est évident, Rollin, que le malheur de n'avoir rien à faire, de ne tenir à aucune famille, d'être célibataires par état sans être séparés du monde et de vivre retirés dans leurs cellules devaient les rendre les plus mauvais sujets de l'Amérique. Et c'est bien ce qui est arrivé.

— L'Église amérindienne fondée par l'Espagne est exotique, et à ce titre, elle a une pureté rénovatrice. Elle est du même coup d'une grande sincérité. Les vocations ont été enthousiastes.

— Tiens donc ! Dites-vous bien que la crédulité, la superstition, et plus encore la paresse ont peuplé ce royaume américain de couvents de filles et d'hommes.

— Vous êtes malveillant par principe.

— Seulement clairvoyant. Ou plus modestement un peu observateur. Leurs congrégations, qui furent d'abord saintes et utiles, sont aujourd'hui parasites, pernicieuses et impies. L'irrégularité des moines du Chili est absolument scandaleuse. Ils se sont affranchis de toute obéissance aux lois, qu'elles soient du siècle ou du ciel.

Il était attendu qu'à ce moment de leur promenade, Lapérouse se figeât sur place, et se tournât vers son compagnon, qu'il frappait d'une bourrade de connivence.

— Vous avez constaté comme moi à La Concepción l'effronterie inexprimable des moines. Nous en avons vu rester jusqu'à minuit au bal que nous avons donné. Et pas dans la compagnie galante ni l'attitude que l'on pouvait attendre de gens d'Église. Qui, sinon ces religieux, donnait à nos jeunes gens de meilleurs conseils sur des endroits qu'ils n'auraient dû connaître que pour en interdire l'entrée ?

À partir de ce passage obligé, l'entretien bifurquait selon le temps. Quand la marée haute dérangeait leur promenade, ils faisaient demi-tour, et revenaient vers l'enclos en s'indignant de la conversion des âmes par la coercition allant jusqu'aux châtiments corporels.

— La politique constante du gouvernement du Chili est de n'admettre qu'une religion, et d'employer les moyens les plus violents pour la maintenir.

Faisant une entorse exceptionnelle à la coutume de ne pas évoquer de souvenirs personnels, Lapérouse rappelait traditionnellement, à titre de confirmation, la méthode musclée d'enseignement des valeurs au collège d'Albi. Elles étaient inculquées par les verges du père Musson que les collégiens surnommaient Bras-de-fer. Rollin manifestait une appréciation joyeuse comme s'il n'avait jamais entendu parler du père jésuite fouettard.

Par beau temps, quand la marée basse agrandissait la plage jusqu'au platier de corail fossile, ils poursuivaient au-delà du village, contournaient la mangrove du côté du lagon et poussaient jusqu'à un amas basaltique sur lequel ils s'asseyaient. Ils prenaient alors le temps de s'occuper de l'évangélisation de l'homme sauvage. Une réflexion sur la conversion des idolâtres s'était imposée dès que Colón avait vu « des gens nus », selon son expression, sur le rivage de Guanahani. Parce qu'elle était impliquée dans l'organisation politique du Nouveau Monde, l'Église espagnole avait été entraînée dans le débat moral sur les conditions de l'exploitation des mines d'or et d'argent d'abord, puis de la transition brutale de la cueillette à l'agriculture intensive. Dans un contexte intellectuel complexe, la question avait été de savoir de quel droit un sauvage idolâtre pouvait être soit converti, soit asservi jusqu'à en mourir d'épuisement.

Le sujet appartenait dès lors à Rollin. Il ne se consolait pas de la perte de son édition rare de la *Brevísima relación de la destrucción de las Indias* de Bartolomé de Las Casas. Cet ancien *encomendero*, exploitant propriétaire d'Indiens au Venezuela, avait pris l'habit des dominicains pour se consacrer à la dénonciation d'un génocide. Son livre avait ébranlé Charles Quint. En échange de sa bonne humeur quant au père Musson, Lapérouse entrait dans le jeu.

— Et quelle fut la conséquence de l'ébranlement du roi ?

— Il convoqua un collège de théologiens, de juristes, d'inquisiteurs et d'administrateurs du Conseil des Indes

La commission s'était réunie au collège San Gregorio de Valladolid. La « controverse de Valladolid » avait été dominée par les personnalités des deux principaux protagonistes. Las Casas se référait à saint Thomas d'Aquin pour soutenir l'égalité des races et des cultures, le refus des conversions de force, et la propagation de la foi par l'évangile et l'exemple. Juan Ginès de Sepúlveda, chapelain royal, fondait sur Aristote la légitimité d'une guerre de conquête contre des Indiens anthropophages, incestueux et pratiquant des sacrifices humains, dont la finalité sur Terre était une condition d'esclaves par nature.

Après ces explications, le chef d'escadre posait alors la question attendue :

— Les deux thèses étaient défendables. Quelle fut la conclusion du collège ?

— Sepúlveda tricha en opposant un faux syllogisme courtisan : Ces gens sont incultes et barbares. Le roi est excellent, pieux et juste. Donc, on ne peut soutenir qu'il les aurait injustement conquis. Les deux partis se séparèrent vainqueurs.

En rentrant des causeries sur la religion, Lapérouse, que la conversion des idolâtres interpellait beaucoup moins que leur utile adaptation à la civilisation, donnait généralement rendez-vous le lendemain sur un sujet qui lui tenait à cœur. Il avait rempli là-dessus des pages de son journal au cours du voyage : la mauvaise gestion des colonies ibériques. Le chirurgien lançait la promenade par un préambule attendu.

— Que reprochez-vous, monsieur, aux Espagnols ?

Le chef d'escadre levait les bras, puis désignait la plage et ils commençaient à marcher.

— Un catéchisme qui ne cherche pas à former des citoyens porteurs de progrès. Voyez-vous, Rollin, je comprends très bien que l'on se soit investi dans la diffusion des vérités du christianisme. Mais étant un simple ami des droits de l'homme plutôt qu'un théologien, j'aurais aimé que l'on eût associé à cet apostolat une législation intelligente. Capable de rendre peu à peu citoyens des hommes qui sont restés dans le même état que les esclaves nègres de nos colonies. Encore les régissons-nous avec plus de douceur et d'humanité.

— Cela rejoint notre débat sur la civilisation des sauvages.

— Là n'est absolument pas la question. La Californie n'a pas encore un seul habitant malgré sa fertilité, et reste d'aucune utilité pour la métropole. Il n'est point dans l'univers de terre plus fertile que le Chili. Ses productions agricoles pourraient alimenter la moitié de l'Europe, les laines de ses troupeaux suffiraient aux manufactures de France et d'Angleterre, et je ne parle pas des salaisons. Et malgré ces richesses, l'or du Pérou doit compenser un bilan en déficit.

Le chef d'escadre s'échauffait.

— On pêche quelque quatre cents baleines chaque année devant Santa Catarina, dont l'huile et le spermaceti sont envoyés à Lisbonne par Rio. Les habitants assistent en spectateurs à cette pêche qui ne leur procure aucun profit, et le gouvernement doit leur venir en aide.

Le chirurgien introduisait alors l'une des remarques chères au chef d'escadre :

— Si je vous suis bien, l'influence néfaste du gouvernement espagnol contrarie celle d'un climat fertilisant.

— À votre avis ? Vous avez constaté cela comme moi, Rollin ? Quelques bonnes lois à Manille, au Chili, un peu de philosophie en Californie assureraient la conquête des Espagnols et rendrait leurs établissements utiles à la métropole. Mais ils ne songent qu'à faire des chrétiens et pas des citoyens responsables. Je crois qu'il serait difficile à la société d'hommes les plus éclairés d'imaginer un système de gouvernement plus absurde que celui qui régit ces colonies depuis deux siècles.

Le chirurgien appréciait en hochant la tête. Lapérouse enfonçait le clou.

— Surtout, la clé de ce gaspillage est que les empires ibériques manquent de la liberté du commerce. Les Portugais font avec la Chine un trafic très désavantageux au prix de mille humiliations.

— Notre compagnie des Indes ?

— Elle n'a pas fait mieux en son temps. On ne rapporte de Chine que du thé vert ou noir, quelques caisses de soie écrue et de la porcelaine qui sert plutôt de lest que de marchandise à bénéfice.

— Quitter la Chine ?

— J'ai écrit au ministre que si Macao devenait un port franc, avec une garnison qui pût assurer les propriétés commerciales qu'on y déposerait, elle deviendrait une des villes les plus florissantes de l'Asie, cent fois supérieure à Goa qui ne sera jamais d'aucune utilité à sa métropole. Le port de Manille qui devrait être franc lui aussi et ouvert à toutes les nations a été jusque dans ces derniers temps fermé aux Européens et entrouvert seulement à quelques Maures, Arméniens ou Portugais de Goa. Une société aux privilèges et aux préséances compliqués impose des droits immodérés sur les consommations étrangères, et fait subir aux marchands toutes les vexations, sous une inquisition et une surveillance de chaque instant.

Ils continuaient à marcher en méditant, retraversaient la colonie de lipomées, et se séparaient à l'entrée de l'enclos sur une dernière réflexion sur l'économie du monde.

— Voyez-vous, Rollin. Il ne faut jamais perdre de vue qu'un tout petit droit sur une consommation immense est plus profitable qu'un droit trop fort qui anéantit cette même consommation.

Le chef d'escadre haussait les épaules.

— Mais qui comprendra jamais ça ? À tout à l'heure, Rollin, pour la méridienne. Soyez exact !

Le chirurgien compulsait le *Species insectorum* une loupe oculaire fixée sur une *Ténébrionide* bleue, quand son compagnon éclata d'un rire nerveux. Il était rasé de plusieurs jours, et il était allongé dans sa culotte rouge délavée, tête, pieds et torse nus, sur l'un des fauteuils de sieste de Macao dont le cannage commençait à se défaire. Le sien selon la coutume, à gauche de l'entrée, tourné vers la mer.

— Vous ne vous sentez pas bien, monsieur ? Je n'aime pas vous voir débraillé ainsi. Depuis quatre jours, vous ne venez plus piquer midi. Nous assurons cela Caraurant et moi.

— J'entends. Vous manipulez la lunette ? Ou Caraurant qui se prend depuis longtemps pour un astronome ?

— S'agissant d'indiquer le milieu du jour au village de Païou, le portique de la cloche me sert de gnomon. Le cours de son ombre suffit à établir à peu près le passage du soleil au méridien de Manikolo. Il ne s'agit pas vraiment d'une référence d'observatoire, mais ça suffit à leur faire plaisir et à nous rendre indispensables. Notre cloche au son pur est plus influente que nous.

Il déposa délicatement la *Ténébrionide* bleue dans une boîte en carton, et poursuivit d'un ton plus ferme :

— Je vois bien que vous vous laissez aller. En tant que votre médecin, je vous prescris un rasage de près chaque matin et de vous couvrir le torse quand vous sortez

Le chef d'escadre, que sa lecture rendait en réalité de très mauvaise humeur, fronça les sourcils de colère et respira un grand coup pour se calmer. Puis il posa sur le plancher le gros cahier qu'il était occupé à lire, et disparut dans la case.

Il revint dans son habit bleu galonné sur son torse nu, son tricorne posé directement sur ses cheveux dépeignés.

— Vous êtes satisfait, Rollin ? Suis-je assez ridicule ainsi pieds nus et torse couvert ? Ou pitoyable ? Je n'ai plus de vêtements de corps reconnaissables comme tels. Ma chemise a craqué dans le dos. C'est aussi simple que ça. Nous avons entassé dans notre trésor de guerre une quincaillerie de colporteur, jusqu'à cinquante-deux casques de dragons et cent deux hausse-cols pour faire pavaner des sauvages et nous attirer leurs bonnes grâces, mais personne n'a pensé à des vêtements de rechange pour notre colonie. Comment gardez-vous une chemise, vous ?

Le chirurgien se replia, à la fois ému et très gêné.

— Mes chemises de lin sont moins fines que les vôtres. Celle-ci tiendra encore quelques années. C'est la dernière. Personne n'avait imaginé j'en conviens, monsieur, de prévoir des rechanges de corps pour quinze ans.

— Et ce n'est pas fini. Alors, laissez-moi éclater de rire vêtu d'une simple culotte, je vous prie. Le climat s'y prête.

Un peu de hâle ne fera que du bien à mon torse. Ce sera mieux pour l'œil, parce que je vous accorde qu'un ventre blanc n'est pas joli à voir. Vous imaginez le spectacle des États généraux en tenue d'Adam ? Le prince de Rohan-Guéméné tout nu ? MM. de Vergennes ou de Miromesnil sur leurs fesses derrière leurs bureaux de ministres ? La crédibilité des plus hauts dignitaires résiderait-elle dans leur habillage de velours et de broderies ? L'homme le plus puissant, tout nu et sans perruque, comme un coq déplumé, n'est plus rien. Un amant possible, à la rigueur, dans la pénombre. Les guerriers de Païou, qui vont quasiment nus, recourent eux aussi aux parures de nacre et d'écaille pour affirmer leur valeur guerrière et leur pouvoir domestique.

L'officier mimait en parlant les capes, les grands rubans des ordres et les pendants d'oreilles. Il était pathétique dans sa détresse, au point que le chirurgien détourna son regard.

— Vous devriez, en tant que médecin, vous réjouir que j'aie encore le sens de la drôlerie. Ne vous y trompez pas, monsieur le naturaliste, nous nous retrouverons bientôt vêtus comme vos amis cannibales. Je vous épargnerai les anneaux de nacre dans le nez. Bon. Je vous accorde bien volontiers le caractère indispensable de mon rasage quotidien. Du moins tant que la lame de mon rasoir, qui s'amenuise de jour en jour, le permettra.

Il rentra dans la case et en revint débarrassé de son habit mais il avait conservé son tricorne. Ce trait de bonne humeur rassura le chirurgien. Il referma le *Species insectorum* et le posa verticalement sur ses genoux, s'appuyant des deux avant-bras sur le volume.

— Au fait, pourquoi votre hilarité soudaine ?

Lapérouse souleva le cahier et le désigna de l'index gauche.

— Je suis tombé par hasard dans la bibliothèque sur le journal du vicomte.

— C'est moi qui l'avais rangé là, avec ses papiers personnels, et les copies de vos lettres et de votre journal. Je suis resté marqué par la mort horrible de ce pauvre M. de Langle, lapidé à Tutuila. Lui qui disait envier la mort atroce du capitaine Cook au point d'avoir suspendu une gravure de sa mort dans sa chambre à bord de la frégate.

Le chef d'escadre réagit avec humeur.

— Ce pauvre M. de Langle !

Il leva les bras au ciel.

— Bien sûr ! C'est la formule consacrée. Et ce pauvre M. de Lamanon qui l'accompagnait dans cette aiguade imbécile ! D'abord, si vous vous souvenez que nous sommes trois survivants temporaires des deux frégates, le vicomte de Langle n'est pas plus une pauvre victime que plus de deux cents de nos compagnons noyés au port des Français, caillassés par sa faute à Tutuila, noyés ici même ou disparus on ne sait où à bord du bot et de la biscayenne.

— Pardonnez-moi cette réaction. M. de Langle m'honorait de son amitié. Vous avez cent fois raison. Il n'en reste pas moins que sa mort tragique nous a bouleversés.

— C'est la luxure qui l'a tué, et des malheureux avec lui.

Le chirurgien qui avait posé son menton sur le *Species insectorum* se redressa, choqué. Il traversait lui-même une phase dépressive, aggravée par son souci professionnel de la santé morale du chef d'escadre. Il réagissait depuis quelques jours avec une nervosité inhabituelle.

— Comment pouvez-vous avancer une chose pareille, monsieur ?

— Je vais vous dire pourquoi puisque vous insistez. Vous souvenez-vous des raisons pour lesquelles les frégates sont restées un jour de plus à Tutuila ?

— Bien sûr. Pour faire de l'eau que M. de Langle estimait indispensable à la santé de nos équipages.

— C'est ça. Il était aussi mon ami, beaucoup plus proche que vous. Nous nous étions rencontrés déjà quand nous étions de jeunes enseignes sur la *Belle Poule* aux Antilles il y a une trentaine d'années au moins. Alors mon amitié pour lui valait bien la vôtre, mais là n'est pas la question. Langle nous a fait une véritable crise de nerfs en criant que l'eau fraîche était la panacée contre le scorbut. Que manquer cette aiguade serait criminel. Vous en pensez quoi, le médecin ?

Le chirurgien posa par terre le *Species insectorum* et prit le temps de répondre.

— Il n'est pas vraiment prouvé que l'eau de source serait un remède préventif ni curatif. La viande fraîche non plus. Je suis réservé quant aux conseils que l'ingénieur Monneron nous a rapportés de Londres avec des instruments scientifiques. La bière de spruce et le jus de malt vantés par le capitaine Cook n'ont probablement pas de vertus prophylactiques. Seuls les agrumes et surtout le jus de citron préconisé par le docteur Lind semblent avoir des effets sensibles dans le traitement du scorbut. Et les fruits et légumes frais. Personne ne comprend pour quelle raison.

— Légumes, viandes et poisson frais. Vous connaissez ma religion. Vivres et vin de bonne qualité, ventilation et assèchement de l'air, propreté corporelle scrupuleuse et sommeil suffisant. Mon opinion est que le moût de malt et la *sauer-kraut* chère aux Anglais ont comme seul intérêt de bien se conserver.

— Il est vrai en tout cas, monsieur, que j'ai fait part alors de mes doutes quant à l'intérêt thérapeutique de faire encore quelques futailles d'eau à Tutuila.

Lapérouse marqua son approbation en soulevant son tricorne.

— Parfait. Cette requête était d'autant plus absurde que nous venions de faire aiguade la veille. Mais une scène d'hystérie a vaincu les réticences. Après tout, pourquoi ne pas prendre encore un peu d'eau à cette île paradisiaque qui nous avait si bien accueillis. Les embarcations sont parties vers la petite anse ouvrant sur la cascade miraculeuse, et nous avons déploré à nouveau douze morts après ceux de la barre de Port des Français. Douze morts nouveaux tués à coups de frondes, dont nous avons abandonné les corps, dont le sien.

— Oui. Et autant de blessés grièvement.

— Maintenant, imaginez-vous pourquoi M. de Langle, dont nous avons admiré vous et moi la science et les talents, voulait absolument retourner dans cette anse qu'il avait reconnue la veille ?

— Autre chose qu'une corvée d'eau ?

— Pouvez-vous m'expliquer pourquoi un capitaine de vaisseau devait nécessairement commander lui-même une simple corvée d'eau qu'un lieutenant et des maîtres auraient suffisamment encadrée ?

— Dites.

— L'accueil de Tutuila avait été merveilleux après deux mois et demi de mer depuis Petropavlovsk. Vous vous en souvenez. Le cadre était charmant. Si les hommes étaient répugnants, les femmes étaient avenantes et souvent très jolies. Et quasiment nues. Elles offraient leurs fruits, leurs poules et leurs faveurs à tous ceux qui avaient quelques rasades à leur donner en échange. Nous étions arrivés dans une autre Nouvelle Cythère. Émerveillés comme Bougainville à O-Tahiti. Alors que nous étions reçus dans la case des esprits, M. de Langle a pris son canot, prétextant qu'il allait visiter seul un village voisin. Il en revint au soir enchanté au-delà de toute expression. C'est là qu'il voulait retourner. Voilà tout.

— Vous pensez qu'il aurait cédé à une passion assez violente pour avoir besoin de revoir absolument une femme à peine entrevue ? Je veux dire au-delà d'un désir assouvi.

— Ça ne vous est jamais arrivé, Rollin ? Vous avez une autre explication ?

Le chirurgien se prit la tête dans les mains, puis il se leva et alla faire quelques pas sur l'herbe, bras ballants, avant de revenir se planter devant l'officier.

— Présentée comme ça, votre analyse mérite attention. Au point que je vous avoue être encore plus navré des conséquences démesurées d'une pulsion d'un homme portant un grand nom, amoureux fou d'une indigène à l'autre bout du monde.

Lapérouse sursauta et se concentra sur ses ongles, comme s'il s'étonnait de les trouver noirs.

— J'ai moi aussi connu un instant d'amour passionné au bout du monde, Rollin. – Et après un silence – Mais je n'ai entraîné la mort de personne.

Lapérouse brandit le journal et l'agita.

— Ce n'est tout de même pas pour ça que je riais, si ça vous intéresse toujours.

— Vous m'avez ébranlé, monsieur. Je brûle néanmoins de savoir ce qui vous a rendu si joyeux. Ce n'est pas tous les jours.

— Je lis. Nous sommes en 1786. Nous commencions notre voyage en abordant le Pacifique, et l'avenir nous appartenait.

La Conception du Chili, Jeudi 14 mars

M. de Lapérouse m'avait fait part de ses intentions lors de notre relâche à Sainte Catherine du Brésil, sur l'intérêt de renverser le programme de notre voyage, en passant d'abord deux ans dans le Pacifique Nord, puis les deux suivants dans le Sud. Il vient de prendre la décision, et d'en informer le ministre par une lettre confiée au commandant Quexada à la Concepción. Nous visiterons tous les lieux désignés par le roi, mais dans un ordre inverse.

La première raison déterminante est que Sa Majesté estime qu'il serait fructueux d'établir des comptoirs de pelleteries sur la côte Nord-ouest de l'Amérique pour commercer avec la Chine. C'est en quelque sorte le motif premier de notre voyage. Il importe d'y arriver avant un certain capitaine Gore, qui aurait appareillé secrètement d'Angleterre pour une mission sur « les arrières de la baie d'Hudson ». La seconde raison est que tous les navigateurs anglais ont exploré le Pacifique vers l'ouest à partir du détroit de Magellan. Nous éviterons d'être suspectés de les copier en faisant une route innovante. La troisième raison, qui me paraît discutable, est que notre trajet serait plus expéditif et servirait mieux les intentions de Sa Majesté. À l'île de Pâques vers où nous appareillerons demain, nous ne ferons pas route vers O-Tahiti, comme prévu mais vers l'Alaska avec une courte relâche aux îles Sandwich en hommage au capitaine Cook qui y fut assassiné.

Le chef d'escadre se tut et regarda le chirurgien en hochant la tête d'un air entendu.

— Voilà le nœud de l'affaire. La raison pour laquelle nous avons fait route de la Nouvelle-Calédonie vers l'île Santa Cruz de Mendaña deux ans après la date prévue, et en tout cas au plus mauvais moment.

— Cela ne porte pas vraiment à rire. Si ?

Lapérouse referma le cahier et le posa sur ses genoux.

— Le caractère dérisoire de cette décision est que nos matelots ont tanné dans l'enthousiasme au Port des Français un millier de peaux de loutres de mer d'Alaska qui seraient vendues en Chine à leur profit. Selon l'estimation de M. Dufresne, notre naturaliste hypocondriaque, nous en espérions deux cent sept mille livres. Nous avons été heureux, juste avant de quitter Macao, de trouver preneur pour neuf mille cinq cents piastres soit moins du quart. La Compagnie anglaise du Bengale fait beaucoup d'expéditions en Alaska pour ramener des peaux, et les Espagnols traitent des loutres de bonne qualité en Californie, qu'ils apportent à Macao par la ligne de Manille. Le marché de la Chine est déjà saturé et le cours de la loutre s'est effondré. Nous sommes inexistants en Chine par rapport aux autres nations européennes.

Lapérouse brandit à nouveau les feuillets.

— L'invalidation d'une hypothèse fausse est la cause déterminante de notre perte totale.

Après un long silence, Rollin émit un petit rire.

— L'hypocondriaque s'en est bien tiré, lui. Vous en aviez tellement par-dessus la tête de ses jérémiades, que nous l'avons laissé à Macao avec ses peaux.

Le lendemain matin, quand ils se retrouvèrent sur l'estran, le chirurgien affichait un front préoccupé.

— J'ai beaucoup réfléchi cette nuit, monsieur, après notre conversation. J'ai depuis longtemps une idée en tête. Sans oser vous la dire. Ou sans être assez remonté pour ébranler notre minuscule société et altérer nos relations courtoises. Vous l'avez réveillée hier.

Il laissa passer quelque pas.

— Le dérèglement de notre calendrier vient aussi du fait que vous avez renoncé au séjour d'un mois que le roi nous accordait à O-Tahiti. Tout a contribué à déranger inutilement notre programme pour nous assigner un rendez-vous mortel ici avec une tempête d'Ouest.

Le chef d'escadre réagit, plus surpris que fâché.

— Aucune de mes décisions n'a été inutile. J'ai dit cent fois que les îles de la Société ne présentent aucun intérêt, n'offrant plus rien à la curiosité tant elles ont été visitées et revisitées comme aucune terre au monde. Je me félicite de n'avoir parlé dans mon journal ni d'O-Tahiti ni de la reine Obéréa. J'ajoute que c'était un mérite pour le chef d'expédition de préserver nos équipages d'une relâche d'un mois d'où ils seraient partis amollis et malades de la vérole. Vous étiez le chirurgien major. Cela aurait dû vous satisfaire.

Rollin répondit sèchement :

— Mon confrère Lavaux et moi devions être gratifiés d'une pension si, par nos soins, la mortalité des équipages ne dépassait pas trois hommes par cent chaque année du voyage. Nous avons tenu le contrat. Nos équipages ont péri en bonne santé, monsieur, si c'est ce que vous voulez dire. Il convient de se féliciter de ce beau résultat. Je vais vous dire autre chose que j'ai sur le cœur. Nous avons préféré une escale de rafraîchissement à l'île de Sainte Catherine du Brésil plutôt qu'à Rio de Janeiro. Nous avons caréné nos frégates dans le port de Cavite au lieu de mouiller à Manille.

— Parfaitement. J'ai évité Rio de Janeiro parce que les formalités des grandes villes occasionnent une perte de temps. Nous aurions trouvé réunis à Manille toutes les ressources et tous les plaisirs qu'il est possible de se procurer aux Philippines, mais nous étions à l'ancre devant un arsenal et rien ne pouvait compenser ces avantages.

— Ces avantages, comme vous dites, ont sans doute contribué à préserver nos équipages du mal de Naples. Depuis Talcaguano où les Chiliennes se sont montrées très complaisantes, nos hommes n'ont rencontré, après des mois et des mois de mer, que des femmes dégoûtantes au point d'en devenir sodomites.

Rollin se planta devant le chef d'escadre. Brusquement échauffé, il libéra une sourde colère longtemps contenue :

— Alors, monsieur, si le vicomte de Langle a succombé à une passion fugitive, j'en impute la faute à un programme de navigation inhumain pour les équipages. Et désolant pour les naturalistes qui ont été promenés par leurs frégates comme des dératés pour toujours courir ailleurs, pour traverser trois fois le Pacifique du Sud au Nord, de l'Est à l'Ouest, du Nord au Sud, au milieu de nulle part.

Lapérouse en resta coi, puis il réagit vivement, mais sans nervosité :

— Vous n'allez pas recommencer votre antienne sur les naturalistes maltraités. Pourquoi cette méchanceté brusquement ?

— Vingt-trois mois de mer vide. J'ai compté, à notre arrivée à la Baie Botanique, que nous avions passé moins de sept mois au mouillage depuis notre départ de Brest, en trente mois de voyage.

— Le voyage a été conduit en fonction d'options météorologiques qui optimisaient notre espérance de succès dans les temps impartis. Vous le savez très bien.

— Au risque d'attaques de scorbut. Du Brésil au Chili, nous avons passé quatre-vingt-dix-sept jours en mer. Et puis, du Chili aux Hawaï et à l'Alaska, de la Californie à la Chine et de Petropavlovsk aux îles Samoa, nous avons encore dépassé les soixante-dix jours fatidiques au-delà desquels la maladie apparaît. J'ai appelé l'attention sur cela. On ne m'a jamais écouté.

— Sans réelles conséquences. Tout a été fait pour garantir des rafraîchissements et limiter la consommation des salaisons. Monneron est allé enquêter à Londres sur la prophylaxie du scorbut. Reconnaissez-le en tant que médecin.

— Je suis aussi naturaliste, monsieur. Deux jours à Chotka, deux jours à l'île de Pâques. Quatre heures à Mowée ! Il fallait que je vous dise ça un jour.

Ne comprenant pas vraiment cette agressivité soudaine, Lapérouse tenta de la calmer.

— Cela vous a laissé le temps de rédiger un passionnant mémoire pathologique sur les Amérindiens, et vos dissertations sur les Tartares de l'île de Chotka et sur les habitants de l'île de Pâques et des îles Sandwich. Vous êtes de très mauvaise foi.

Rollin le planta là, tourna les talons, et lui jeta par-dessus l'épaule :

— Un voyage en dépit du bon sens. Bonsoir, monsieur.

Ce soir-là, le chef d'escadre s'étonna du retard du chirurgien à table quand Caraurant annonça que la potée de taros était servie.

— M. Rollin a soupé avec nous dans notre case. Il a dit qu'il prendrait désormais ses repas avec nous. Je pensais que monsieur le comte était au courant.

Le comte aux pieds nus resta interloqué un instant, puis il approuva de la tête.

— Je crois en effet que c'est mieux ainsi pour quelque temps, Caraurant. À vivre l'un sur l'autre depuis si longtemps, nous perdons nos nerfs. Encore les marins sont-ils un peu plus habitués à cela que les gens ordinaires. M. Rollin est sorti de ses gonds. Il est allé trop loin ce matin. Jusqu'à être grossier. Lui, si courtois à l'ordinaire.

— Il m'a semblé en effet que M. Rollin était nerveux depuis quelques jours.

Lapérouse restait songeur, triturant de sa fourchette en argent aux armes familiales du cheval passant au galop des Galaup et de la scie des Rességuier, le taro pâteux qui refroidissait dans son assiette de Chine.

— Asseyez-vous, Caraurant.

— Avec votre permission, monsieur le comte. Merci bien, monsieur le comte.

— Que pensez-vous de notre voyage, Caraurant ? Je veux dire de notre navigation depuis Brest.

Le domestique se gratta la tête à travers sa perruque et toussa discrètement derrière sa main.

— Pour dire vrai, monsieur le comte, mon travail n'était pas différent à bord de la *Boussole* depuis que je suis à votre service. Que nous soyons ici ou là, à Brest ou en Tartarie, c'est du pareil au même. Sinon bien sûr pour accommoder des vivres qui n'étaient pas toujours ce que nous pouvions espérer.

— Mais autour de vous, comment l'équipage a-t-il vécu cette campagne ?

— Pour sûr, ça n'a pas été une partie de plaisir. Mais les gars trouvaient que c'était plutôt tranquille. Ils ne comprenaient pas vraiment à quoi ça servait d'avaler des jours et des jours de mer sans jamais sonner le branle-bas de combat. Mais de ce côté là, ils étaient plutôt satisfaits de ne plus recevoir des boulets anglais sur la gueule. Enfin, c'est comme ça que nous disons, sauf votre respect, monsieur le comte. Et puis, même s'ils ne comprenaient pas tout, ils étaient fiers de servir la science. Et ça, je les ai souvent entendus remettre à sa place un pleurnichard qui grognait contre la nourriture, les mois de mer, le manque de femmes ou le ravaudage sans fin des voiles.

Lapérouse apprécia mais revint à la charge :

— Le naufrage des chaloupes à Port-des-Français moins d'un an près le départ a dû ébranler le moral. Non ? Je les avais mis en garde parce que je suis sans cesse inquiet des conséquences de mes décisions, mais je m'en suis senti personnellement responsable. Vous savez, Caraurant, vingt et un morts par accident, c'est insoutenable pour un commandant hors des faits de guerre.

— Ça n'a pas tellement frappé, monsieur le comte. Ils se sont laissé entraîner dans une barre mortelle, comme à Étel ont dit les Bretons qui connaissent des coins aussi dangereux. C'était de la fortune de mer, voilà tout. À ce que j'ai compris, vingt et un disparus d'un coup, ils ont l'habitude l'hiver du côté de la pointe du Raz.

Caraurant leva le doigt.

— Ce qui a vraiment fait mal, ça a été les douze morts et tous les blessés aux Samoa. Parce que ça, c'était de la sauvagerie pure et simple. De la haine. Et puis la disparition de M. de Langle a causé un malaise. Surtout qu'on n'a même pas récupéré son corps et celui des camarades.

— Ou ce qui en restait, Caraurant. Le capitaine Cook a été rendu en morceaux à ses officiers. Ces gens sont d'une barbarie au-delà de toute expression.

Le domestique se frotta la bouche de la main.

— Si vous permettez, monsieur le comte, je comprends bien ce que ça représente tous ces décès et ce naufrage par-dessus le marché pour un commandant comme vous. Au fond, tout ça c'est derrière vous. Maintenant que ceux qui partaient à l'île de France ont disparu eux aussi, vous n'êtes plus à ça près.

Le balancement de la tête de Lapérouse indiqua qu'il n'acceptait pas vraiment ce raccourci drastique.

— Si. Vous n'y étiez pour rien là où nous avons eu des morts. Et vous étiez comme mort vous-même quand nous avons fait naufrage. Tout le monde a été heureux quand vous êtes revenu à la vie. Vous êtes un bon commandant, monsieur le comte.

Lapérouse ne répondit pas tout de suite, car il lui fallait d'abord raffermir sa voix.

— J'étais un bon commandant. Peut-être. Étais-je entêté ? Je ne sais pas. Scrupuleux sûrement quant à ma mission. Et soucieux de mes hommes, selon le désir du roi et selon ma conscience.

Il se leva de table.

— Merci, Caraurant. Vous pouvez débarrasser, mais revenez. Je suis heureux de causer avec vous ce soir.

Ils se retrouvèrent sous l'auvent. Le passage du jour à la nuit étant rapide sous les tropiques, le crépuscule touchait à sa fin. Les étoiles commençaient à briller dans un ciel très pur. Lapérouse était détendu. Ils parlèrent du ciel, chacun avec sa perception. Puis Lapérouse regarda Caraurant en souriant.

— Votre fille se cache dès qu'elle me voit. De loin, je crois qu'elle est jolie, avec ses yeux vifs et ses cheveux en grosse boule frisée. Je lui fais peur ?

— Comme vous n'avez jamais vraiment apprécié ma femme, j'ai pensé devoir ordonner à Manuké de ne pas vous importuner.

— Quelle idée ! Comment s'appelle-t-elle ?

— Manuké.

— Manuké. C'est joli.

— Ça veut dire oiseau en téanu, monsieur le comte. Mais elle parle un peu français.

— Quel âge a-t-elle maintenant ?

— Treize ans, monsieur le comte.

— Ah ! Treize ans ! Déjà ! Oui bien sûr. Il faudra me la présenter. C'est triste que votre petit garçon soit mort peu après sa naissance. Vous savez, nous étions dix frères et sœurs. Seulement trois de mes sœurs et moi ne sommes pas morts à la naissance ou en bas âge. Et ma sœur Marie-Charlotte, qui était religieuse, est morte à dix-neuf ans.

— Les petits, ça a du mal à s'accrocher à la vie.

— Oui. Moi, je n'ai pas eu le temps d'espérer avoir un enfant. Nous sommes partis trop tôt. Nous étions mariés depuis deux ans, et j'étais appelé à Versailles pour préparer le voyage. Ma femme m'attendait pendant ce temps. Elle ne m'attend probablement plus. Elle se croit veuve. C'est peut-être cela qui me ronge le plus, Caraurant. Ou qui m'enrage certains jours. Ma femme est veuve d'un mari vivant. Qui a déjà vécu une telle absurdité, Caraurant ?

— C'est bien triste, monsieur le comte.

Lapérouse fit des deux bras le geste de fatalité qui lui était familier.

Ils perdirent l'habitude de s'adresser la parole, sans trop savoir pourquoi ils étaient brouillés, comme ces familles qui se haïssent depuis plusieurs générations en ayant oublié pour quelle raison elles sont infréquentables. La loge *Grand Océan* ne réunissait plus de tenues sur l'*Encyclopédie*, et ils lisaient séparément, hors de vue l'un de l'autre, le chef d'escadre dans la case d'habitation, le chirurgien dans le *Muséum*. Et puis, l'imprévisible survint environ deux ans plus tard. À part Rollin qui tenait son journal, personne ne sut jamais exactement quand.

La saison des grandes pluies, ou des pluies encore plus grandes que d'habitude, était installée depuis plusieurs semaines. De violents orages éclataient au-dessus de la montagne, générés par de puissantes colonnes nuageuses se développant en champignons gigantesques. Sur le récif, l'épave de l'*Astrolabe* s'effondra, démantelée par les déferlantes. Ancres et canons coulèrent à pic, et les débris de bois partirent à la dérive dans le lagon. Le lendemain d'une nuit d'apocalypse zébrée d'éclairs et de grains balayés par des rafales de vent qui ébranlaient les cases, le chirurgien qui évaluait les dégâts de la tempête s'aperçut que la marée descendante laissait sec l'estuaire de la rivière. Le phénomène était d'autant plus surprenant qu'il était tombé des trombes d'eau toute la nuit.

Rollin revint songeur de sa promenade. Il s'approcha de Lapérouse, qui contemplait le lagon. La ligne des déferlantes sur le récif séparait d'un trait blanc un ciel noir et le plan d'eau d'un gris de plomb. Il ne pleuvait plus et le vent était retombé. On entendait nettement au loin le grondement continu du récif dans cette accalmie d'une tranquillité irréelle. Des appels de buccins, les trompes océaniennes, résonnèrent du côté de Païou, ajoutant une couleur sonore inhabituelle et dramatique au paysage en demi-deuil.

— La rivière a cessé de couler, monsieur. Il est probable que des arbres se sont abattus en travers de son cours là-haut dans la montagne. Le barrage finira par céder, et nous risquons fort une belle inondation. La plaine maraîchère de Païou est constituée de limon rouge sur une épaisseur d'au moins six pieds. C'est sans doute la conséquence d'inondations répétées.

Le chef d'escadre se tritura l'oreille.

— Pensez-vous qu'il serait prudent de mettre vos chères collections hors de portée dans la mezzanine ? Ce serait un énorme travail. En aurions-nous le temps ?

— Tout dépendra de la résistance du barrage. D'un autre côté, plus tard il cédera, plus l'inondation sera importante, mais plus nous aurons du temps devant nous. C'est un bon compromis.

Ils ne réalisèrent ni l'un ni l'autre qu'après plusieurs années de brouille, ils venaient de se parler à nouveau.

C'est alors que Caraurant arriva hors d'haleine, accompagné par la tignasse rouge de Moloé. Il leur cria de loin :

— Chef Aïo vient d'ordonner d'évacuer le village.

Les ayant rejoints, il reprit son souffle, et demanda à son beau-frère de parler. Rollin traduisit au fur et à mesure pour l'officier.

— Outaïka, le diseur de mémoire, a chanté dans la maison des esprits. Il a raconté qu'il y a très longtemps, plusieurs fois, la rivière s'est arrêtée comme aujourd'hui. Beaucoup d'hommes, de femmes et d'enfants de Païou sont morts parce que la montagne s'est transformée en torrent rouge comme le sang. La mémoire dit que quand la montagne retient la rivière, c'est que le chef des esprits est très en colère contre nous.

Le domestique compléta l'information :

— Chef Aïo vous demande de venir tout de suite rejoindre les tribus qui se rassemblent sur la colline aux tambours de bois. Il m'a demandé avec insistance d'apporter le son d'au-delà des mers pour parler à l'esprit qui est parti sur la montagne. Je vais décrocher la cloche si vous le permettez. Moloé vous guidera. Partez sans m'attendre.

Stupéfaits mais impressionnés, ils se concertèrent un court instant.

— Je doute que le chant de mémoire soit parole d'évangile, mais nous partons aussitôt. Nous laissons tout derrière nous, à la garde du tabou. Je prends quand même mon pistolet, une poignée de pierres à fusil, un sac de balles et une giberne à cartouches. C'est notre dernière arme à feu. C'est sans doute une précaution inutile mais un sacrifice humain est vite arrivé chez les sauvages. En tout cas, je suis curieux de découvrir enfin les tambours de bois que nous entendons quelquefois et qui nous sont toujours restés cachés.

Le Mélanésien roux les conduisit d'un pas rapide à travers la plaine maraîchère, dépassa la croix marquant les tombes, et se dirigea vers une colline boisée, défendue par un chaos rocheux dans lequel ils se glissèrent à sa suite. Une trace à peine visible serpentait en grimpant à travers des fougères, plus hautes qu'un homme. Ils se frayaient un chemin des deux bras dans une masse végétale trempée de pluie qui les enserrait et se refermait derrière eux. Cette marche à l'aveugle, à travers un élément vert consistant, bruissant et gorgé d'eau comme une mer végétale laissant passer Moïse, était oppressante jusqu'à l'angoisse. La pluie était revenue en bruine, tombant d'un ciel bas et sans consistance qui masquait presque entièrement le mont Popokia. Après un quart d'heure de marche environ, les fougères firent place à la forêt, annoncée par une brutale odeur d'humus. Le sentier se perdait dans un matelas spongieux de feuilles mortes qui se désagrégeaient là, depuis que les pentes fumantes du volcan fondateur de Vanikoro surgi du fond des mers avaient été colonisées par la végétation tropicale obstinée.

Ils entendirent alors des battements sourds et cadencés venant de quelque part devant eux.

Une centaine de pas plus loin, la pente devenue abrupt se heurtait à un nouveau chaos qu'ils franchirent péniblement en s'aidant des genoux et des mains derrière leur guide qui bondissait comme un isard des Pyrénées. Ils débouchèrent enfin sur une terrasse qui dominait la plaine et le village de Païou. Fermant le paysage, les trois cases de leur enclos se découpaient sur les frondaisons bordant la rivière éteinte. Le ciel bas semblait flotter juste au-dessus de leurs têtes. Le bruit cadencé qu'ils entendaient depuis leur entrée dans la forêt était entretenu par six hommes coiffés de masques végétaux tombant sur les épaules, plantés de plumes rouges de l'oiseau cardinal. Ils tenaient entre les mains de gros troncs de bambous d'un diamètre d'une palme, qu'ils laissaient rebondir sur le sol entre leurs pieds. Les hommes des clans étaient groupés en face, en léger contrebas autour du chef Aïo qui tenait à la main sa hache de pouvoir en jadéite. Les femmes et les enfants étaient accroupis en arrière-plan dans le sous-bois. Fermant le carré, six statues de bois à figures humaines un peu plus grandes qu'un homme leur faisaient face. Trois d'entre elles, percées d'une fente, étaient visiblement les tambours de bois. L'instrument majeur, posé sur le sol devant les statues anthropomorphes, était une cloche à fente horizontale finement sculptée d'un diamètre de quatre ou cinq palmes.

Caraurant les rejoignit, portant à l'épaule une besace en feuilles de pandanus. Chef Aïo manifesta bruyamment une grande satisfaction quand il la posa devant l'officier et déballa la cloche. Un grognement collectif accompagna la ruée des guerriers. Le son étrange leur était familier, mais aucun habitant de Païou, sinon Aïo, n'avait jamais vu le tambour mythique des marah protégé par le tabou. Le chef s'adressa à Caraurant et lui demanda que le tambour des esprits qui parlait plus loin rejoigne le groupe des instruments rituels. Un examen visuel des lieux ayant montré qu'aucun végétal voisin ne permettrait de suspendre la cloche à court terme, puisqu'ils ne disposaient d'aucun lien ni d'aucun outil, Lapérouse décida que Caraurant la tiendrait par son anse et que ce serait très bien. Rollin manifesta une objection formelle en agitant ses deux mains ouvertes doigts écartés.

— Les rituels peuvent durer très longtemps, et la moindre défaillance rythmique serait un signe néfaste des dieux. Nous prendrons sur notre vie le risque de perturber le processus de communication avec l'esprit qui crie sa colère là-haut.

Gestes à l'appui, Rollin expliqua à Caraurant comment il laisserait pendre la cloche à bout de bras, jambes écartées.

— Vous devrez tenir aussi longtemps que durera le rituel. Et vous aussi, monsieur, puisqu'il vous revient de faire entendre la voix des esprits.

Le chef d'escadre fit de l'index un signe de dénégation.

— À vous l'honneur, monsieur le naturaliste, puisque vous savez tant de choses sur le tintamarre des sauvages.

Les joueurs de tambours à fente prirent position, et le titulaire du tambour horizontal se concentra. Il commença, du plat de la main droite et d'un petit maillet dans la gauche, à faire parler les esprits. Ils s'exprimèrent par des sons mats, de hauteurs et de timbres étonnamment variés sur un rythme quaternaire rapide, soutenu par le continuo des battements des hommes masqués. Les tambours statues s'incorporèrent l'un après l'autre au concert, introduisant des timbres plus nets et des sons de hauteurs plus élevées qui s'entrelacèrent avec le thème principal. Le discours des esprits était envoûtant. Aïo dut répéter deux fois son invite au naturaliste, qui attendait accroupi, de faire parler le tambour de métal. Après avoir balancé le battant jusqu'à prendre le rythme, il attaqua, d'un tintement par période pour entrer modestement dans l'ambiance sonore, puis de deux, puis d'un battement continu ponctuant les coups sourds des bambous des masques. Fasciné, il partageait la transe des batteurs de tambours dont la face aux yeux dilatés était levée vers le ciel. Après une vingtaine de minutes, le concert s'éteignit d'un coup, le prenant de court. Le rituel s'acheva donc sur trois appels du son extraordinaire des marah.

Le ciel s'était à nouveau chargé de gros nuages. Une bourrasque brusquement fraîche annonça dans la soirée l'arrivée de nouvelles pluies torrentielles. Le tonnerre roula encore sur la montagne, et les enfants, abrités par leurs mères sous des feuilles de bananiers, commencèrent à hoqueter leur terreur, s'entraînant les uns les autres à crier de concert. Les guerriers noirs appuyés sur leurs arcs dans leurs parures de nacre, les pleurs des enfants apeurés consolés par leurs mères nues, et un petit cochon noir domestique qui courait affolé en tous sens composaient un mélodrame burlesque, dans un décor d'arche de Noé. Trois jours passèrent ainsi, sous un déluge qui s'interrompait rarement. Dans ces moments de répit, ils faisaient parler les esprits par la voix des tambours.

La troisième nuit, une tornade échevela les arbres au-dessus de leurs têtes, faisant hurler les enfants cramponnés à leurs mères.

Le lendemain matin, la montagne se mit à couler comme le racontait la mémoire. Un pan de la canopée commença à glisser comme une avalanche, dans un grondement sourd qui ébranla l'air. Un torrent d'eau boueuse s'échappa de la masse végétale, et une coulée rouge dévala la montagne. La vague avala la plaine maraîchère et traversa le village dont quelques cases les plus exposées du côté de la rivière s'écroulèrent et furent emportées.

Là-bas, une masse confuse de troncs de kaoris enchevêtrés par leurs racines était emportée par le torrent, se chargeant de la végétation arrachée sur son passage. Muets d'horreur, ils virent le monstrueux amas submerger leur enclos, enfoncer le *Muséum* qui s'inclina et s'écroula contre la case d'habitation, emportée à son tour. La fin du monde dura quelques secondes. Rollin se recula, les mains au ventre, s'appuya contre un arbre et vomit.

Le torrent s'écoula aussi vite qu'il était arrivé. Quand les tribus regagnèrent le village, une heure plus tard, on enfonçait jusqu'aux chevilles dans un lac de boue rouge qui s'étendait jusqu'à la montagne. La majeure partie des habitations de Paiou étant sur pilotis, elles avaient laissé passer l'inondation.

Ils avaient vu disparaître l'enclos, mais Lapérouse insista pour aller voir ce qui restait de leur mémoire à eux. Caraurant les précédait à grandes enjambées dans la boue, répétant en larmes, comme une litanie :

— *Diu Vivant ! La malòra ! Quin esglàs*[1] *!*

Le naturaliste suivait loin derrière, hagard, les deux mains sur les tempes, criant des phrases décousues. En arrivant à l'emplacement de leur enclos, encore marqué par trois pieux de la palissade, ils avaient de la boue jusqu'aux genoux. Là où était l'observatoire, les racines touffues d'un kaori bou-

1. Dieu vivant ! Malheur ! Quelle catastrophe !

chaient le paysage vers le lagon. L'arbre qui avait enfoncé le *Muséum* et emporté les collections, leurs livres et le temps s'était échoué là dans sa course vers la mer, la malfaisance de l'esprit de la montagne étant sans doute assouvie.

Caraurant dit alors qu'il avait oublié la cloche dans la clairière. Lapérouse lui répondit qu'elle pouvait aussi bien rester là-haut. Rollin s'était accroupi à l'emplacement du *Muséum*, fouillant la boue de ses deux mains, les yeux écarquillés. Ils le relevèrent par les épaules quand ils retournèrent au village. Grâce aux paroles de mémoire, la population était sauve, et la montagne avait été clémente. La plupart des cases sur pilotis avaient tenu bon. Païou devrait quand même migrer temporairement vers les villages voisins quand les réserves de vivres seraient épuisées. Les pirogues avaient été balayées par le flot, mais de toute façon, les poissons fuiraient longtemps les eaux turbides du lagon. Volailles et cochons emportés, cultures de taros dévastées, arbres à pain déracinés, il faudrait aller chercher ailleurs la nourriture avant de pouvoir replanter quand le limon serait stabilisé. Dans l'immédiat, les clans organisaient l'hébergement provisoire des parents sinistrés. Ils furent naturellement accueillis dans la famille de Maïna. La case était encombrée de familiers, mais on leur attribua deux places d'oncles non loin de la porte. Sur le soir, les femmes préparèrent un repas que les hommes avalèrent en silence, visages fermés.

Le soir tomba sur une communauté épuisée nerveusement. La case fut agitée toute la nuit par des convulsions, des réveils angoissés, des cris, des gémissements, des pleurs d'enfants. Les cauchemars se confondaient avec les détonations et les éclairs d'une nouvelle nuit d'orage, et puis la nature se calma dans un silence indulgent.

Le chef d'escadre fut réveillé de son demi-sommeil par le claquement d'un coup de feu. Il se redressa vivement sur sa natte. Un jour gris se levait à peine.

— Un coup de fusil ! Vous avez entendu comme moi, Rollin ? Des Européens sont dans l'île. Ai-je rêvé ?

Il répéta la question :

— Rollin ? Avez-vous entendu un coup de feu ?

Il se retourna sur le flanc. Le chirurgien avait dû se lever très tôt. Sa natte était déserte. Lapérouse constata alors que son pistolet qu'il gardait derrière sa tête avait disparu.

Il sortit en trois bonds de la case, et descendit faire quelques pas le long d'une trace fraîche creusée dans la boue. Il murmura, la tête dans ses mains :

— Vous n'aviez pas le droit, Rollin. Vous n'aviez pas le droit de me laisser seul avec nos morts.

Une semaine plus tard, le chef d'escadre et son domestique partirent pour Pakaré en pirogue, avec tout le clan de Maïna.

Le calendrier de bambou

Un an après l'inondation, à la saison des semailles, les tribus de Païou vinrent faire les plantations, et commencèrent à défricher la plaine fertilisée que l'herbe haute, les fougères et les lianes parasites avaient déjà investie. À l'emplacement de l'enclos tabou des marah, on déterra par hasard un squelette. Un adolescent qui préparait son rituel d'initiation s'empara avec une joie féroce du crâne auquel tenaient encore des cheveux blonds. Il l'emporta en courant, le tenant par deux doigts passés dans un trou dans la tempe droite.

Aux abords de l'esplanade des tambours de bois, un chasseur qui traquait les cochons sauvages, abondants depuis qu'on ne les chassait plus, mit le pied sur la cloche des esprits enfouie sous les feuilles mortes. Elle était fêlée, car elle avait attiré la foudre. L'éclair avait fondu le fil de suspension du battant, mais le Mélanésien ne pouvait pas savoir qu'il manquait quelque chose.

Quand il apporta dans une grande excitation l'objet tabou à Aïo, le chef prit le temps de réfléchir avant de faire parler la voix. Le son haut et clair venu d'au-delà des mers ne pouvait être sollicité sans réflexion. Les marah l'avaient apportée à la clairière des tambours et ils l'avaient laissée là. Il fallait comprendre pourquoi. Le diseur de mémoire ne savait rien à ce sujet. L'œuvre du fondeur Bazin resta donc posée sur le sol sablonneux, au centre de la maison des esprits, pendant plus d'une lune.

Chef Aïo décida enfin de faire parler la voix, et il convoqua les chefs de clans. Sur le sol, la cloche faisait le dos rond, attendant d'être réveillée. Le batteur du tambour à fente s'accroupit devant l'objet, qu'il examina avec attention en plissant les yeux. Il le toqua du doigt sans émettre aucun son, recommença et attendit. Un silence tendu régnait dans la maison des esprits. Le batteur saisit son maillet, l'assura dans sa main et en donna un léger coup qui fit *toc*. Il attendit, s'énerva, et frappa un grand coup qui dérangea la cloche en générant un petit envol de sable, et un bruit mat sans résonance. Consterné, il regarda Aïo et lui dit que le son d'au-delà des mers était mort. Il fut décidé de placer le corps défunt du tambour des marah sur les étagères des esprits, à côté du crâne percé d'un trou.

Le vieil homme était assis sur le bord de la terrasse de basalte, les jambes ballantes. Il contemplait la mer. Ses cheveux clairsemés étaient blancs, ce qui faisait paraître plus sombre sa barbe grisonnante. Il était vêtu d'un dhoti à la manière indienne en tapa blanc qui faisait ressortir sa peau hâlée. Avec un médaillon pendant à son cou comme un *ouperavitam*, il ressemblait à un brahmane. C'était une matinée de très beau temps, sous un ciel construit de nuages en grosses boules blanches inoffensives. L'îlot d'Utupua était bien net, et l'on voyait même Santa Cruz derrière l'horizon, un signe malheureusement annonciateur de pluie.

Un second personnage émergea pieds nus du sentier qui traversait la bananeraie. Il portait lui aussi un dhoti, drapé d'un tissu végétal rayé de traits ocre. Il tenait à la main des ciseaux de tailleur qui détonnaient comme un anachronisme. Il s'adressa discrètement au vieil homme, qui tourna la tête :

— Monsieur le comte, c'est le jour de votre coupe.

— Ah ! Caraurant. Et c'est quel jour, le jour de ma coupe ? Vous tenez vous aussi un journal ?

— Je ne me le permettrais pas, monsieur le comte. D'ailleurs vous savez bien que je ne sais pas écrire. Pour les jours, je ne sais plus. C'est le quatre-vingt-dixième jour du neuvième bambou depuis notre arrivée à Pakare. Je commence un nouveau bambou après trois cent soixante cinq encoches.

— Cela ferait déjà neuf ans que nous sommes ici ? Et avant ?

— Quand ce pauvre M. Rollin a disparu, le lendemain de la catastrophe, nous étions en 1805, vers la mi-août. C'était lui qui gardait le vrai calendrier, celui qui commence à Jésus-Christ.

Il ajouta, avec une mimique de satisfaction :

— Remarquez que, si on additionne mes jours d'ici à la date approximative du déluge, on ne sera pas loin de la vérité.

Lapérouse compta sur ses doigts.

— Nous serions donc si je vous suis bien, en 1814... vers la mi-novembre. Vous êtes précieux, Caraurant. Il y a donc vingt-six ans que nous sommes arrivés dans l'île.

— Et pour votre coupe, monsieur le comte ?

— Allons-y. Voyez-vous, Caraurant, c'est M. Rollin qui insistait pour le soin du visage. C'était selon lui une marque du respect de soi-même. Un signe fondamental de civilisation quand il n'en reste aucun autre. Et il avait raison. Allez ! Arrangez-moi un peu ce qui me reste de cheveux.

Le domestique commença son travail de barbier.

— Au fond, monsieur, c'est une chance que vous ayez un jour offert une paire de ciseaux au chef Kamaïou. Dire qu'il a fallu l'échanger contre votre chevalière en or ! Le vieux Kamaïou vous l'aurait sûrement rendue. Son jeune frère Valié n'a rien voulu savoir. Il est très arrogant depuis qu'il lui a succédé. C'est un violent. Il faut le voir écarquiller ses narines en bombant la poitrine. Il fait peur. Même aux Mélanésiens. Tout le monde le déteste, mais il est correct avec nous.

Tout en parlant, le domestique s'activait à égaliser la barbe poivre et sel en s'aidant d'une sorte de peigne en folioles de cocotier.

— Valié m'opposait que votre chevalière ne pouvait lui servir à rien parce qu'il avait les doigts trop gros, et que ce métal était mou et beaucoup moins joli que la nacre. Il a fini par céder à cause du poids. Il avait déjà une balle de fusil un peu plus lourde. Il les porte toutes les deux suspendues avec sa brocante sur la poitrine. Si c'est pas triste ! Mais c'était important pour la civilisation, ces ciseaux. N'est-ce pas, monsieur le comte ?

Le chef d'escadre ne réagissant pas, Caraurant s'interrompit, les ciseaux en l'air.

— Non ?

— Non quoi ?

— Les ciseaux.

L'officier ne répondit pas car il n'avait pas écouté. Il poursuivit à haute voix sa réflexion intérieure :

— Rollin et moi, nous avions cessé de faire défiler nos âges. Vos bambous me font réaliser que j'aurais soixante-treize ans. Comme ça. D'un coup. Vous saviez ça ?

— Bien sûr, monsieur le comte. Vous avez douze ans de plus que moi. – Il se reprit. – Du moins, j'ai douze ans de moins que vous, sauf votre respect. Au début de la vie, douze ans, ça fait une énorme différence. Et puis, ça s'amenuise au fur et à mesure que l'on vieillit.

— Sauf à la fin, Caraurant. Ça redevient très important, douze ans. Finalement, elles sont vite passées ces vingt-six années. Même après la disparition de nos livres. Je ne pensais pas que l'on pouvait vivre sans rien. Juste à regarder la mer et à ressasser sa vie. Ou se poser des questions. L'origine de l'univers ? Ce que nous faisons là-dedans, avec nos petits soucis mesquins ? En quoi nous serions utiles à l'ordre du monde ? J'aurais aimé en parler à M. de Lamanon, mais c'était un petit esprit. Il écrivait sa *Nouvelle Théorie de la Terre* le nez sur ses pieds.

— Il reste la solution de ne penser à rien, monsieur le comte.

— Surtout pas ! C'est très dangereux, ça, Caraurant. Heureusement, nous conversons tous les deux. Je ne crois pas que l'on puisse vivre sans jamais parler à quelqu'un. L'homme civilisé tout seul devient certainement une bête ou un fou.

— Il peut prier à voix haute. Parler à la Sainte Vierge et à Notre Père. Même s'ils ne répondent jamais. Je sais bien qu'ils sont occupés, mais quand même, on ne me dira pas qu'ils ont oublié que nous sommes là. Je prie de temps en temps. Depuis que j'ai trouvé sur la plage un corail mort en forme de croix blanche. J'ai pensé que c'était un signe. – Il haussa les épaules. – Je n'irai quand même pas jusqu'à dire que ça m'apporte grand-chose.

Il donna quelques coups de ciseaux et se recula pour apprécier.

— C'est un honneur de causer avec vous, monsieur le comte. Remarquez, sans vous offenser, que vous n'avez jamais voulu apprendre un mot ni de téanu ni de lovono.

— C'est aussi une garantie de civilisation en ce qui me concerne, Caraurant, comme vos ciseaux à barbe. Et nos dhotis que j'ai copiés sur les Indiens de l'île de France pour remplacer nos hardes sans nous mettre comme des sauvages. Et je ne mâche pas de bétel non plus. Rester digne. Pour soi. Rien que pour soi, dans ce bout du monde où le bon ton consiste à se planter une plume en travers du nez. Rester capable de revenir d'un coup à la civilisation si par hasard un navire passait par là.

Le domestique-barbier opina.

— Après tout, nous y sommes bien venus, monsieur le comte. Vanikoro ne restera pas éternellement inconnue.

— Vous avez raison, Caraurant. Je dirai même que Vanikoro sera forcément redécouverte. Nos objets de fer sont dispersés jusqu'aux Nouvelles-Hébrides et aux îles Salomon. Ils mettront un jour ou l'autre sur notre piste. Bientôt. Sinon, ils retrouveront au moins nos ossements.

Un an passa. Puis d'autres, avec des grains, des tempêtes, des déluges. Er de jolis nuages aussi, des arcs-en-ciel, des gloires de soleil. Et l'orage chaque soir, et l'envol des roussettes. Sans rien de remarquable sinon le mariage de Maniké avec l'aîné de la tribu du chef Valié, une promotion sociale qu'elle devait à la nature extraordinaire de son père, un esprit, même si l'on avait bien compris qu'il était un esprit serviteur.

En l'an vingt et un du calendrier de bambou, Lapérouse demanda à Caraurant de venir s'asseoir auprès de lui sur la terrasse.

— Une chose me turlupine, Caraurant. J'y songe de plus en plus. Nous maintenir dignes, c'est bien, mais nous risquons de disparaître sans laisser de trace. Je me sens très fatigué. Je ne vais sans doute plus durer très longtemps. Qui saura jamais que nous avons survécu pendant des décennies après notre mort annoncée ? Cette perspective m'est devenue insupportable. Vous y pensez, vous aussi ?

— À vrai dire, monsieur le comte, chez moi en Béarn, on ne doit plus beaucoup se souvenir du disparu, et ma famille est ici maintenant. Mais pour vous, bien sûr, dans la noblesse, c'est beaucoup plus important de savoir. Vous allez écrire un nouveau journal ?

Le chef d'escadre fit un geste de dénégation.

— Loin de moi cette idée. Ce serait trop long et trop lourd. Je n'ai pas envie de m'éterniser sur des souvenirs ou bien trop pénibles ou bien trop inconsistants. Des non-événements. Tout ça est du passé. Vous raconterez notre histoire aux premiers Européens qui redécouvriront Vanikoro.

— Je me fais vieux aussi, monsieur le comte.

— Vous êtes robuste. De toute façon, les gens de Païou savent l'essentiel. La tradition orale n'oubliera jamais l'arrivée des esprits sur des grandes pirogues.

— Alors, je ne vois pas bien ce que vous avez en tête, monsieur le comte. Excusez-moi.

— Mon testament.

Caraurant fit :

— Ah ! et hocha la tête d'un air pénétré. Puis il se gratta le front : Sans indiscrétion, vous avez l'intention de léguer quoi ? Vos terres de l'Albigeois je suppose ? Parce qu'ici…

— Victor-Joseph de Galaup, mon père, est mort un an avant notre appareillage. Je doute que ma mère soit encore de ce monde. Le château du Gô et ma terre de La Peyrouse sont donc maintenant passés à mes sœurs. Je ne prétendrai pas, depuis les antipodes, me mêler de nos biens de famille. Je vais léguer mon médaillon à ma femme. Il contiendra une mèche de mes cheveux. Avec un message et mes dernières volontés. C'est surtout ça le prétexte. Dites-moi, Caraurant. Vos parentes et amies dessinent sur les tapas avec des encres végétales qui résistent bien au temps. Pouvez-vous me procurer quelques feuilles du format d'un papier à lettre, de l'encre brune ou noire et une plume de volatile que vous aurez taillée ? J'espère savoir encore écrire. Déjà que j'ai toujours été brouillé avec l'orthographe. Nous sommes entrés bon gré mal gré dans une culture orale. À votre avis, depuis combien de temps n'aurais-je pas écrit, Caraurant ?

— Je me souviens que vous avez arrêté votre journal après le naufrage de la yole quand vous partiez rejoindre les Anglais à Botany Bay. C'était à la fin de décembre 1793. Une date que j'ai forcément retenue.

— Et nous serions ?

— Vingt bambous et trois mois après notre arrivée à Pakaré en août 1805, monsieur le comte. Excusez-moi de vous laisser faire le calcul.

— Cela nous met donc trois mois après août 1825 – il compta sur ses doigts – septembre, octobre, novembre. Nous devons être quelque part aux environs de la fin de novembre dix-huit cent vingt-cinq. Cela fait donc une trentaine d'années que je n'ai pas tenu une plume. Vous m'apportez tout ça, Caraurant ?

Le surlendemain, après quelques pages d'écriture pour discipliner sa plume, Lapérouse commença plusieurs brouillons avant d'adopter le texte qu'il s'efforça de calligraphier.

Ceci est mon testament.

Je, soussigné Jean-François de Galaup, comte de Lapérouse, Chef d'escadre des Armées navales, sain de corps et d'esprit, mon dernier bien personnel pour quelques temps encore, déclare ma femme, Éléonore. – Il avait d'abord écrit « la comtesse de Lapérouse », mais il s'était ravisé et avait recommencé – *l'héritière universelle de mes biens mobiliers, consistant en un médaillon ovale en or rose, gravé du monogramme EJF, contenant une mèche de mes cheveux. Il m'a accompagné alors qu'il conservait les siens, que j'ai emportés dans l'au-delà. J'avais imaginé offrir à ma femme la tendresse d'un époux. Je n'ai su lui donner que l'attente d'un marin et des voiles de deuil. Ce sont les cheveux blancs d'un mari qui revient auprès d'elle pour ne plus la quitter.*

En lui remettant ce médaillon, on lui dira que j'ai vécu près de quarante années dans une île maléfique, pour l'honneur de la Marine du Roi, porté par notre amour, par le devoir d'être digne de ma lignée, et par la volonté de vivre en homme civilisé. Le même souci de rester debout a animé constamment mes compagnons volontaires, le chirurgien entretenu Rollin, et mon fidèle Caraurant. Leur optimisme et leur dévouement exemplaires m'ont préservé de la déchéance ou de la folie.

Jamais aucune expédition maritime n'a été frappée comme la nôtre d'autant de malédictions qui l'ont dissipée jusqu'au dernier homme. J'assure humblement Sa Majesté que je me suis efforcé jusqu'au bout de mériter la charge qu'Elle m'avait confiée dans Sa bienveillance en me désignant pour conduire le voyage scientifique et généreux dont Elle avait rêvé. Je témoigne devant le Créateur qui me rappelle à lui que les équipages, officiers, maîtres, matelots, canonniers et savants de nos deux frégates ont été en toutes circonstances au-dessus de tout éloge. Quand on évaluera la part des décisions et des aléas funestes qui ont provoqué ce désastre, j'en assumerai seul la responsabilité. Préservé sans doute par le destin pour survivre à notre infortune, je l'ai expiée sur la Terre avant de comparaître devant le Créateur.

Ma dernière volonté est que mon corps mortel disparaisse à son tour, comme ceux de tous les hommes qui ont péri pour le Roi sous mon commandement.

Pakaré, île de Vanikoro, archipel de la Reine Charlotte
Novembre ou décembre 1825

PS. Au cas où Éléonore de Lapérouse aurait été injustement rappelée au ciel avant mon décès, je désire que mes cheveux soient déposés sur son cercueil.

Six mois plus tard, le chef d'escadre déclina en quelques jours, comme une bougie s'éteint.

— Je m'en vais, Caraurant. Je vous confie mon testament et mon médaillon. Prenez-le maintenant et mettez-le à votre cou. Dès que j'aurai passé, vous l'ouvrirez. Comme ceci. Vous voyez ? Vous en retirerez la rosette de cheveux de ma femme, et vous les placerez entre mes mains. Comme ça. Vous couperez une mèche de mes cheveux et vous en ferez un petit fagot bien net, en les nouant. Vous égaliserez bien les bouts avec les ciseaux pour que ce soit joli. Vous les placerez à l'intérieur.

— J'ai bien compris, monsieur le comte. Je ferai pour le mieux.

— Je sais. Arrêtez de pleurer, Caraurant. Pour ma dépouille, vous savez ce qu'il faut en faire pour qu'on ne la retrouve pas. Merci de m'avoir supporté si longtemps et surtout de m'avoir parlé. Je vous dois d'être resté un homme civilisé.

Il s'interrompit avec un air surpris.

— Je ne vous ai jamais demandé votre prénom.

— Pierre, monsieur le comte. Pour vous servir.

— Je l'ignorais, et nous vivons pourtant ensemble depuis près d'un demi-siècle. C'est incroyable. Eh bien, Pierre, je vais vous laisser seul. Sur les deux cent vingt-deux marins que nous étions au départ de Brest. Vous demeurez le dernier survivant. Alors, gardez l'habitude du français avec votre femme. Et taillez-vous la barbe. Les ciseaux, c'est important aussi.

Pierre avait pensé inhumer monsieur le comte sous le banyan proche de la terrasse d'où il aimait contempler la mer jusqu'à s'en user les yeux. Le banyan était tabou, mais les chefs de clans avaient accepté le principe de placer là un esprit dont leur génération ne saisissait plus très bien l'origine. Et puis, le marah avait décidé autrement. Un jour imprécis de sa quatre-vingt-quatrième année, le corps de Lapérouse fut emporté au large sur une pirogue, dans un linceul de tapa blanc. Manuké avait attaché la croix en corail blanc au cou de l'oncle marah qui ne lui avait jamais adressé la parole. Du haut de la terrasse, on vit la pirogue décrire plusieurs cercles, comme si l'esprit hésitait sur sa destination. Et puis, elle prit résolument la direction de Sahul.

C'était aux environs de la fin du mois de juin 1826.

Six mois plus tard, une affaire grave enflamma Pakaré, au point que les hommes se peignirent en noir. Valié avait fait abattre par ses fils une vingtaine d'aréquiers sur le territoire du village voisin de Takalépua sous le prétexte que les arbres à mâcher le bétel étaient plantés sur un terrain appartenant aux tribus de Pakaré. C'était une provocation en réalité. Valié ruminait une vieille rancune envers Noualiko, le chef de Takalépua. Il voulait une guerre et des crânes d'ennemis vaincus pour affirmer son pouvoir. En d'autres temps, les deux villages se seraient affrontés jusqu'à la défaite totale de l'un ou de l'autre. Le vainqueur aurait selon la coutume exterminé jusqu'au dernier les hommes du village vaincu, prélevé leurs crânes pour être exposés dans la maison des esprits, et emporté les femmes et les enfants. Une médiation tendue des anciens des deux villages autour d'un kava cérémoniel parvint à sauver la paix, sous condition de la destitution de Valié qui n'était apprécié de personne, et de son exil hors de Vanikoro.

Cette décision brutale eut pour effet, en décembre 1826, d'obliger Pierre Caraurant à quitter Pakaré avec sa famille d'adoption. Derrière son gendre et sa tribu, il s'embarqua pour l'île d'Utupua. Ou pour ailleurs, le principal étant que Valié soit parti.

Les enquêteurs

VOYAGE

AUX ILES DE LA MER DU SUD,

EN 1827 ET 1828,

ET

RELATION DE LA DÉCOUVERTE

DU SORT DE LA PÉROUSE.

DÉDIÉ AU ROI,

Par le Capitaine Peter Dillon,

Chevalier de l'ordre royal de la Légion-d'Honneur, Membre de la Société Asiatique du Bengale et de la Société Géographique de Paris, Ex-Commandant du vaisseau de la Compagnie anglaise des Indes-Orientales *le Research.*

Le 13 septembre 1827, l'ancre de la *Research* tomba à l'aube en baie de Tévaï sous Te Anu par fond de trente brasses. À Calcutta, le conseil de l'honorable *East India Company* avait décidé, se fondant sur les présomptions dignes d'attention du capitaine Dillon, de lui confier le commandement d'un navire de la compagnie qu'il conduirait à l'île de Malikolo[1]. Il y ferait la lumière sur les circonstances de la perte des frégates françaises la *Boussole* et l'*Astrolabe*, et retrouverait éventuellement les hommes d'équipage des deux navires qui y vivraient encore. Eugène Chaigneau, représentant diplomatique français à Calcutta, participait à l'expédition.

---

1. On trouvera une note sur les variantes du nom de Manikolo page 264.

Peter Dillon était un homme d'exception. Né à la Martinique d'une filiation floue, élevé en Irlande, citoyen britannique résidant à Calcutta, sa vie d'aventures était un enchevêtrement de péripéties rocambolesques témoignant d'un courage physique certain et d'un indestructible esprit d'entreprise. La rente de 4 000 francs promise par le gouvernement français à qui apporterait des éclaircissements sur la disparition de l'expédition Lapérouse en faisait aussi un chasseur de prime, mais Dillon fut un remarquable enquêteur.

Tout avait commencé quatorze ans plus tôt par le plus grand des hasards, quand les aventures du capitaine Dillon avaient croisé celles d'un certain Martin Bushart. Ce Prussien de Stettin n'avait d'autre dimension sociale qu'une expérience d'excellent tireur, bienvenue lors d'une furieuse attaque de cannibales aux îles Fidji où ils avaient manqué de très peu être massacrés tous les deux. Bushart devint le pivot accidentel de la découverte de Vanikoro, parce que, à la suite de cet incident, Dillon l'avait débarqué à Tikopia avec sa femme qui allait accoucher. Devenu capitaine-armateur du *Saint Patrick* allant de Valparaiso à Pondichéry, Peter Dillon avait fait un détour par Tikopia pour prendre des nouvelles du Prussien.

Et là, le 13 mai 1826, il avait eu la surprise de tenir en main une garde d'épée en argent, et d'identifier des ferrailles, inattendues dans une civilisation de la pierre, du corail et des coquillages, comme étant des chaînes de haubans et des chevilles en fer provenant manifestement d'un navire européen. Les Tikopiens lui avaient expliqué que ces objets se trouvaient en abondance dans une île ou un groupe d'îles sous le vent où ils se rendaient de longue tradition à environ deux jours de navigation de pirogue. Dillon connaissait bien entendu la disparition corps et biens d'une expédition scientifique française une trentaine d'années plus tôt.

On savait à Tikopia que ces objets provenaient de deux grands navires qu'une tempête exceptionnelle avait jetés à la côte de nombreuses années plus tôt. L'un s'était disloqué devant un village nommé Whanou, l'autre était resté échoué devant Païou. On lui avait dit aussi que l'on avait vu quelques années plus tôt deux hommes âgés ayant appartenu aux équipages des deux navires. Cette information l'avait bouleversé.

J'étais très à court de vivres, mais je pris quand même la décision de me rendre à Mannicolo avec mes modestes moyens, et d'arracher des mains des sauvages les deux Français survivants du naufrage.

Il avait été contraint d'abandonner en touchant presque au but.

Ces événements m'ayant convaincu que les navires de La Pérouse avaient péri à Mannicolo, et ayant l'espoir que, si l'on se donnait aussitôt les moyens pour cela, on pourrait encore sauver quelques survivants de cette catastrophe, je décidai de faire tous mes efforts pour atteindre ce but dès mon arrivée au Bengale.

Appareillant de Calcutta, la *Research* avait débarqué son pilote à l'embouchure du fleuve Hooghly le 23 janvier 1827 à huit heures et demie. Selon l'habitude du capitaine Dillon, le voyage entre Calcutta à Vanikoro avait été mouvementé. Il avait eu fort à faire pour mater un équipage de sac et de corde et pour rappeler à leurs devoirs des officiers au-dessous de leurs responsabilités. Le périple avait duré près de huit mois, par la Terre de Van Diémen, Port Jackson, la Nouvelle-Zélande et les îles des Amis comme on nommait alors les Tonga, empoisonné et retardé par les manigances d'un invraisemblable docteur Robert Tytler, médecin et naturaliste dérangé, membre de l'honorable *Asiatic Society*, recommandé par la compagnie. Le capitaine avait heureusement embarqué aussi un dessinateur, John Russell, qui allait se montrer un remarquable collaborateur, au point d'être désigné en cours de campagne comme *second à commander en cas d'accident*.

Dillon s'arrêta à Tikopia, pour y prendre Bushart et un guide. Il eut la bonne fortune de récupérer aussi, parmi quelques objets témoins, la poignée de l'épée dont il avait déjà la garde. Ayant appris en cours de voyage que Dumont d'Urville était lui aussi à la recherche de Lapérouse, il lui laissa une lettre lui indiquant qu'il se rendait à Mannicolo.

Son guide Tikopien d'environ cinquante ans était familier de Vanikoro où il avait vécu enfant. Rathéa avait une dizaine d'années au moment du naufrage, sans en avoir été témoin. Il comprenait la langue cousine tèanou des Tikopiens, mais ne parlait pas le tanéma des tribus de Païou. Dans ce territoire de l'Est, on ne connaissait que par ouï-dire les événements qui s'étaient passés chez leurs ennemis héréditaires. Le chef Néro, le premier interlocuteur d'un village voisin du mouillage, lui confirma d'ailleurs qu'ils n'allaient jamais du côté de Païou car ils étaient en guerre contre eux. Malgré ce handicap, la campagne d'investigation de la *Research* fut exemplaire.

Commandant rigoureux et organisateur méthodique, Dillon nomma son second officier responsable unique des achats de preuves en échange de coupons de tissus indiens. L'enquête commença aussitôt, et les pièces de métal troquées dans les villages s'alignèrent sur le pont de la *Research*. Trois baleinières partirent le 16 pour le village de Tanéma sous le commandement de Russell, guidé par Rathéa qui se révéla un interprète bavard et peu fiable, pour dissimuler probablement des assassinats imputables à son ethnie. Quoi qu'il en fût, le chef Ouallie accepta de parler dans la maison des esprits de Tanéma. Il ressortit de ce long entretien un récit préliminaire dont l'essentiel était le suivant.

Il y a longtemps, les habitants de Païou aperçurent un matin un navire sur le récif en face de leur village. La mer le mit en pièces dans la journée. Un vent terrible avait renversé un grand nombre d'arbres à fruits. Quatre hommes échappèrent et prirent pied sur le rivage près d'ici. Ce n'étaient pas des chefs. Nous avions l'intention de les tuer, pensant qu'ils étaient des esprits malfaisants, mais l'un offrit quelque chose étonnante à notre chef qui leur laissa la vie. Un autre navire toucha pendant la nuit de l'autre côté de la rivière de Païou. Là, les esprits construisirent un petit navire. Ceux qui étaient avec nous quelque temps allèrent les rejoindre. Ils avaient planté autour d'eux une palissade pour se protéger. Les hommes blancs regardaient souvent le soleil à travers une chose que je ne puis décrire car nous n'en avons pas eu connaissance. Le petit navire partit après cinq lunes.

Et cette confirmation qu'ils arrivaient juste trop tard pour secourir les deux naufragés :

Deux hommes blancs sont restés après le départ des esprits. L'un était un chef, l'autre un homme qui le servait. Le chef mourut il y a environ quinze lunes. Six lunes plus tard, le chef du village de Pakaré où il habitait fut obligé de s'enfuir de l'île et l'autre homme blanc partit avec lui. Je ne sais pas où.

Le 19 septembre au point du jour, Russell appareilla à nouveau avec les embarcations de la baie de Tévaï pour faire le tour de l'île. Malgré son impatience et sa curiosité, le capitaine Dillon avait jugé déraisonnable de quitter la

Research, mouillée dangereusement en rade ouverte, à l'approche du changement de lune de l'équinoxe. Il avait confié la mission au dessinateur, qui avait reçu des instructions écrites extrêmement détaillées. Elles témoignaient sans doute de la frustration du capitaine retenu à son bord, de ne pas effectuer lui-même cette exploration du mystère de la disparition de l'expédition française.

À votre retour à bord du vaisseau, j'exigerai de vous un engagement dûment signé que vous êtes disposé à affirmer sous serment que tout ce que contiendra votre rapport est exact.

Son investigateur délégué devait poursuivre l'interrogatoire des chefs et la collecte de preuves, et se rendre à Païou. Là, il devrait retrouver l'emplacement où avait été construit le petit navire. Faire ouvrir les tombes éventuelles et en rapporter les ossements. Chercher aussi avec une particulière attention tout signe laissé par les naufragés.

On ne saurait supposer que les hommes aussi éclairés que le comte de La Pérouse et ses officiers fussent restés dans cette île pendant plusieurs mois sans laisser quelque relation de leurs infortunes gravée sur les arbres ou sur les rochers, ou enfouie dans la terre, avec des instructions propres à les faire retrouver par les navigateurs qui visiteraient ces parages après eux.

L'expédition rentra le jeudi 20 septembre à six heures du soir. Elle rapportait un grand nombre d'objets récoltés dans les villages. L'inventaire minutieux dressé par le capitaine Dillon enregistrait déjà par dizaines des clous, des crocs de palans, des chevilles en fer, des courbes de bau, des poulies de bronze et des grands rouets de caisses de mâts de hune, des ustensiles de cuisine, des objets de vie courante, des pièces de monnaies, des petits canons et une planche de bois sculptée d'une fleur de lys. Il s'enrichit d'une ferrure d'étambot, de fers de calfat, d'autres clous et chevilles de fer.

Russell rapportait aussi :

Une grande cloche de vaisseau, de douze pouces et demi de diamètre, sans battant et ayant un morceau détaché de la tête.

Sur un des côtés de cette cloche, on voyait en figures moulées la Sainte croix dressée entre l'image de la Vierge Marie et celle d'un saint qui portait une croix sur les épaules. Du côté opposé se trouvaient trois images enfermées dans une sorte de médaillon elliptique au-dessus duquel était un soleil rayonnant. Ces images semblaient être celles de la Vierge, du Sauveur et de saint Jean. Sur tous ces ornements il y avait des lettres que, faute de loupe, je ne pouvais déchiffrer. À droite de la grande croix on lisait ces mots :

BAZIN M'A FAIT

Le dessinateur avait investigué soigneusement le site de Païou sans y trouver les signes espérés. Il en fit le rapport suivant :

Le district de Païou présente un terrain plat et uni qui s'étend le long de la côte jusqu'à une distance de deux milles dans la direction de l'est à l'ouest. La plaine s'avance à l'intérieur jusqu'à deux ou trois milles et est couverte d'un bois très épais, excepté dans une très petite place qui a été défrichée. Quelques arbres sont d'une grosseur énorme. Au milieu de cette plaine coule une petite rivière où le flux se fait sentir.

La petite portion défrichée de la plaine a à peine une acre de superficie. Elle est bordée au sud par la mer, à l'est par la rivière et au nord et à l'ouest par le bois. C'est le lieu le plus commode de toute l'île, soit pour construire un bâtiment, soit pour le lancer, parce qu'il n'y pas de roches près du rivage et que les bords de la petite rivière sont couverts d'arbres pouvant fournir des bois de toutes formes et de toutes dimensions. Selon Rathea, les jeunes gens de Tanéma dirent que c'était là que le brick avait été construit et lancé, et je ne mets pas en doute leur assertion parce que c'est le seul terrain déboisé de toute la côte, et il est évident qu'il l'a été par la main des hommes. Or comme les insulaires ne pouvaient avoir aucun motif pour le faire, j'en ai déduit qu'il le fut par les naufragés qui y résidèrent et y construisirent leur bâtiment. Les deux jeunes gens ajoutèrent que le bois employé à construire le bâtiment avait été coupé dans le haut de la rivière, d'où on l'avait fait descendre par flottaison. Sur cette information, j'ai remonté le cours de la rivière, et j'ai vu en effet des souches d'arbres qui avaient été abattues très anciennement à coups de hache, et je ne doute pas que ce ne fussent ceux que l'on employa pour construire le bâtiment dont parlent les naturels.

Après avoir toué et affourché la *Research* à l'abri en baie de Manévaï, le capitaine Dillon décida le samedi 30 septembre d'aller voir lui-même l'emplacement désigné par les naturels, où il arriva en fin d'après-midi.

À 5 heures un quart, nous entrâmes dans la rivière Russell[1] *au bord de laquelle se trouvaient quelques pirogues. Quelques-uns des plus vieux me montrèrent un enfoncement de la rive*

1. La rivière de Païou.

ouest, m'assurant que c'était là. Cet enfoncement se trouve à environ 50 brasses au-dessus de l'embouchure de la rivière, et d'après l'aspect général des environs, il y a tout lieu de croire à la vérité de cette assertion. Excepté ce seul endroit qui était déboisé jusqu'au bord de la mer, toute la côte, sans la moindre interruption, offrait à l'œil une forêt presque impénétrable. Le terrain en question a environ 70 brasses du nord au sud en longeant le littoral de la rivière, et de 100 à 130 brasses de l'est à l'ouest, c'est-à-dire dans une direction transversale.

La *Research* quitta Vanikoro le 8 octobre 1827 à sept heures du matin.

VOYAGE

DE

LA CORVETTE

L'ASTROLABE

Exécuté par Ordre du Roi,

PENDANT LES ANNÉES 1826-1827-1828-1829,

SOUS LE COMMANDEMENT

DE M. J. DUMONT D'URVILLE,

CAPITAINE DE VAISSEAU.

PUBLIÉ

Par Ordonnance de Sa Majesté.

La corvette *Astrolabe* mouilla le 21 février 1828 en baie de Tévaï. Dillon n'était pas encore rentré à Calcutta, où il allait arriver six semaines plus tard.

Les voyages scientifiques français se succédaient depuis la chute de l'Empire, enchaînant les expériences en désignant des commandants parmi des officiers ayant déjà participé à un voyage d'exploration. C'est ainsi que le capitaine de frégate Jules Dumont d'Urville avait reçu le commandement de la corvette la *Coquille* à bord de laquelle il avait fait un tour du monde comme second du commandant Louis Isidore Duperrey. Elle avait été rebaptisée *Astrolabe.* Fameux pour sa découverte de la Vénus de Milo, Dumont d'Urville était un officier scientifique brillant, qui le faisait savoir. Les instructions du comte de Chabrol, ministre de la Marine et des Colonies, lui fixaient un programme scientifique, mais elles n'oubliaient pas l'expédition disparue.

Un autre intérêt se rattachera à votre voyage si vous parvenez à découvrir des traces de La Pérouse et de ses compagnons d'infortune.

Sans doute ce n'est là qu'un bien faible motif d'espérer que des victimes de ce désastre existent encore ; cependant, Monsieur, vous donneriez à Sa Majesté une satisfaction bien vive si, après tant d'années de misère et d'exil, quelqu'un des malheureux naufragés était rendu par vous à sa patrie.

Dumont d'Urville avait appris à Hobart-Town en Tasmanie que la *Research* faisait route vers Tikopia où son capitaine aurait fait des découvertes quant à un possible lieu de naufrage de Lapérouse. Malgré la détestable réputation de ce Peter Dillon qui avait défrayé la chronique locale, il avait décidé de faire confiance à cette information, après tant de fausses nouvelles.

Tikopia, Lundi 10 février 1828

Enfin vers deux heures, la vigie annonce trois pirogues qui se dirigent sur nous. Chacun se précipite sur les bastingages et hâte de ses vœux l'instant qui va mettre un terme à nos doutes. Les pirogues approchent, chacune d'elles est montée par cinq ou six naturels. Dans celle qui marche en tête, on remarque un Européen en bonnet de laine, chemise rouge et pantalon de prunelle blanche.

Il monte sur-le-champ à bord, et répond à mes questions qu'il est le Prussien Martin Bushart qui vient d'accompagner le capitaine Dillon dans son voyage aux îles Mallicolo. Ainsi plus de doute, les faits avancés par Dillon sont exacts : c'est à Vanikoro que Lapérouse a fait naufrage, et M. Dillon nous a devancés dans les recherches que nous nous proposions de faire.

Bushart avait catégoriquement refusé de retourner dans l'île, et mis en garde le Français contre son climat mortel.

Les officiers de l'*Astrolabe* recueillirent à leur tour des bribes de la tradition orale sous des versions différentes mais concordantes quant au fond, auprès des naturels, en guerre entre eux, méfiants sinon hostiles et en tout cas peu coopératifs.

Dès trois heures du matin ce mercredi 26 février, le grand canot bien armé est parti pour remplir sa mission. M. Gressien a encore passé la journée à sonder et lever le plan de la baie de Manevai avec la yole. Le bot a été mis aux ordres de M. Pâris qui a exécuté un travail semblable pour la baie de Tevai.

La faiblesse extrême que j'éprouve depuis quelques jours ne me permettant pas de m'écarter du navire, je me contente d'une courte promenade sous les arbres de la plage, et je prends chaque jour un bain qui me procure un peu de soulagement.

À une heure après minuit, comme je dormais sur le bastingage, j'ai été réveillé par le bruit qu'a fait le grand canot en accostant le long du bord. J'ai questionné avec empressement nos voyageurs, et dois juger de la satisfaction que j'ai éprouvée en recevant les renseignements suivants.

Dillon avait collecté dans les villages la majeure partie des témoignages accessibles, mais la plus impressionnante découverte leur avait été offerte : le site de la fausse passe où s'était échouée la seconde frégate.

Rapport de M. Gaimard, chirurgien-major et naturaliste

Nous quittons Nama à onze heures quarante minutes, après avoir obtenu un guide nommé Védévéré qui, après beaucoup d'hésitation, nous a promis de nous conduire sur l'endroit même où le naufrage a eu lieu et d'où les débris ont été retirés. Ce qui l'a déterminé, c'est l'offre qui lui a été faite par M. Jacquinot d'un beau morceau de drap rouge s'il nous montre au fond de l'eau quelques-uns des débris du navire.

À deux heures, nous arrivons sur les récifs devant Payou, qui nous reste à l'est à environ trois milles de distance. Enfin, à deux heures et demie, nous voyons bien distinctement une ancre assez grande, dont une patte est cassée

À l'instant même, il était alors trois heures un quart, nous découvrons une seconde ancre, du fer et du plomb, à une longueur de canot de la première ancre. En examinant attentivement le fond de l'eau, nous voyons à douze ou quinze pieds de profondeur des ancres, des canons, des boulets, des plaques de plomb empâtés dans le corail. La disposition des ancres et leur gisement, tout indique que nous avons sous les yeux les débris d'un des navires de Lapérouse. Ce spectacle, à lui tout seul, est bien suffisant pour nous dédommager des fatigues du voyage. C'est un bonheur dont nous ne perdrons jamais le souvenir. Pouvoir contempler à son aise, après une série d'accidents divers, les débris de ce grand et glorieux désastre, et sentir au fond de son âme qu'on est digne de cet honneur, c'est une récompense que les hommes ne peuvent point décerner, et que fort heureusement il n'est pas en leur puissance de ravir.

Jugeant comme le capitaine Dillon que le mouillage de Tévaï, exposé à la mer, était dangereux, Dumont d'Urville décida de gagner la baie de Manévaï en déhalant la frégate sur des ancres portées par des canots.

Ce fut le 19 février au point du jour que nous démarrâmes du havre Docili pour nous rendre au mouillage de Manévaï. Il nous fallut deux journées entières de travaux continuels, depuis cinq heures du matin jusqu'à huit heures du soir ; il nous fallut élonger, mouiller et relever plus de quarante ancres, tant grosses que petites par des fonds de vingt-cinq à trente brasses pour en venir à bout, et ce ne fut pas sans les plus grands périls. Vingt fois je vis la corvette sur le point d'être entraînée et brisée contre les récifs.

Malgré la fatigue extrême de l'équipage épuisé par la fièvre, l'enquête continua, et les officiers poursuivirent leurs travaux hydrographiques. L'enseigne de vaisseau Gressien leva la carte de l'île, et ses minutes allaient permettre d'établir l'un des plus beaux documents du portefeuille gravé en taille-douce par le Service Hydrographique et Océanographique de la Marine.

Le vendredi 14 mars, le tabou frappant la baie de Manévaï trouva son explication médicale suspectée naguère par Rollin. Ce que confirma quarante ans plus tard son confrère Jean-René Quoy, le médecin et naturaliste de Dumont d'Urville.

Vanikoro, séjour si vivement désiré et bientôt si fatal à la santé de l'expédition. Après la tempête, la maladie : la fièvre se mit à bord, faisant rapidement d'effrayants progrès : en un soir quinze hommes furent terrassés. Bientôt, officiers, matelots, tous furent atteints par la maladie. Sur quatre-vingt-dix personnes composant l'équipage, il n'y en avait pas dix exempts de fièvre. Le sulfate de quinine arrêta d'abord les accès, mais ils revinrent, adoucis il est vrai.

Dans le climat chaud et humide de Vanikoro prolifèrent les larves du plus virulent agent de transmission du paludisme : le *Plasmodium falciparum.* Au point de menacer la survie de la nouvelle *Astrolabe.*

Ces torrents de pluie furent continuels durant huit à dix jours, et nous plongèrent dans une atmosphère de chaleur et d'humidité qui probablement devinrent la source des maux dont nous fûmes accablés. Dès le 6 mars au matin, je me sentis fort mal et, le soir même, la fièvre se déclara avec des frissons et ses brûlantes chaleurs augmentant d'intensité les jours suivants. Dans l'espace de trois à quatre jours, sept à huit hommes en furent successivement attaqués.

*Il y avait déjà près de vingt-cinq personnes de l'*Astrolabe *en proie à des frissons et hors d'état de faire aucun service. Quarante ans auparavant, les échos de ces mêmes montagnes avaient peut-être répété les cris de nos compagnons expirant sous les coups des sauvages, ou succombant sous les atteintes de la fièvre !*

Et nous-mêmes, n'avions-nous pas à craindre une destinée pareille ? Le cénotaphe que, de nos mains défaillantes, nous venions d'ériger en l'honneur des compagnons de Lapérouse ne pouvait-il pas devenir le dernier témoin des longues épreuves et du désastre de la nouvelle Astrolabe *?*

Les Tikopiens se montrant de plus en plus arrogants et leurs gesticulations provocantes confirmant sans ambiguïté qu'ils observaient de très près la faiblesse croissante de leurs visiteurs, la frégate appareilla péniblement le 17.

Nous avions alors plus de quarante malades hors d'état d'agir. Si le mauvais temps nous eût retenus encore quelques jours dans la rade de Manévaï, la fièvre eût sans doute saisi la plupart des hommes qui restaient sur pieds, et dès lors notre perte devenait également inévitable.

Dumont d'Urville fit voiles pour rejoindre au plus court une terre européenne. Il mouilla le vendredi 2 mai à Guam, aux îles Mariannes, où don José Medinilla le gouverneur espagnol accueillit avec sollicitude son équipage chancelant. On n'enfreignait pas sans risques le tabou de la baie de Manévaï.

Peter Dillon fut reçu à Paris le 5 novembre 1828 par le baron Hyde de Neuville, ministre de la Marine et des Colonies, qui l'assura que ses droits seraient reconnus et son mérite récompensé par le roi Charles X. Après un saut à Londres, il revint à Calais par le paquebot à vapeur, accompagné de ses précieux objets. Il les remit le 6 février 1829 au ministre.

Le 2 mars, Son Excellence le ministre de la Marine me mena à la cour, et j'eus l'honneur d'être présenté au roi. Sa Majesté me reçut très gracieusement et s'entretint avec moi en anglais, langue qu'elle parle avec facilité. Les événements de mon voyage formèrent le sujet de notre conversation. Sa Majesté parut connaître parfaitement tous les détails relatifs à l'expédition de La Pérouse, et m'adressa plusieurs questions très pertinentes concernant la perte de ce célèbre et infortuné navigateur, avec une sollicitude qui fait le plus grand honneur aux sentiments de son cœur royal. Sa Majesté me demanda mon opinion sur la possibilité qu'il existe encore sur les îles Salomon quelques hommes des équipages de La Pérouse. Après une audience d'une demi-heure, ce monarque affable me congédia en m'adressant ces paroles bienveillantes : Good bye, captain Dillon. I thank you.

Barthélemy de Lesseps, chargé d'affaires de France à Lisbonne, fut appelé à Paris pour identifier les trouvailles du capitaine Dillon. La cloche signée BAZIN M'A FAIT, une meule de moulin aux dimensions exactes de deux pieds français, les armoiries d'un chandelier attribuées à la famille du jardinier et botaniste Collignon confirmèrent s'il en était besoin que les reliques provenaient bien de l'expédition Lapérouse. Les *Débris du naufrage de Lapérouse* furent rassemblés sur un cénotaphe en forme d'obélisque exposé au musée de la Marine établi au Louvre sous le nom de Musée Dauphin. La cloche de Vanikoro fut placée au sommet de l'obélisque, en manière de pyramidion, l'intermédiaire avec les dieux.

Une tombe au Père Lachaise

Le 2 juillet 1988, au cimetière du Père Lachaise un petit groupe d'intimes rendit visite à Éléonore de Lapérouse. Elle aurait disparu comme son mari, si sa sépulture n'avait pas été découverte quatre-vingt-un ans après sa mort grâce à une enquête obstinée[1].

Elle avait quitté Albi où elle s'ennuyait, quelle que fût l'affection réciproque qui la liait à ses belles-sœurs, pour Nantes où vivait sa mère. Elle alla attendre son mari à Paris en 1789, accueillie par des amis très proches de leur couple, les Hocquart et les Le Couteulx. Laurent Le Couteulx de la Noray, un banquier libéral atypique qui suggérait de détruire la Bastille et défendait les paysans lésés par les chasses royales, avait épousé Charlotte Pourrat dont le salon littéraire apprécié distrayait Éléonore de ses inquiétudes.

1. On doit à Jacques Bodin et à Jacques Thomas la découverte de la sépulture de Mme de Lapérouse.

La comtesse de Lapérouse était dans la gêne. Le général baron Millet de Mureau, prudemment déclassé en Millet-Mureau, avait été chargé de la mise au net du manuscrit de Lapérouse, et de sa publication. L'édition du *Voyage de Lapérouse autour du monde,* qui devait être vendue à son profit, avait été longtemps contrariée par le souci qui posait problème de faire disparaître du texte titres et références appartenant à l'Ancien Régime. Le *Voyage* fut publié en 1797 sous le Directoire, et se vendit très mal. Éléonore attendit longtemps une pension régulière dans une époque qui avait d'autres chats à fouetter.

Une dame discrète, aimable et respectée, vêtue de robes hors des modes, toujours enveloppée d'un voile blanc assorti à sa constante mélancolie, s'éteignit le 4 avril 1807 à Paris, au numéro 1 de la rue de la Ferme-des-Mathurins près de la place Vendôme, et fut inhumée dans le parc du château de Voisins à Louveciennes, propriété de Mme Pourrat. Ses restes furent transférés lors de la vente du domaine en 1857, dans le caveau de la famille Hocquart au Père Lachaise

Sur le patronyme et la descendance de Jean-François de Galaup, comte de la Pérouse

Le patronyme de Jean-François, fils de Victor-Joseph de Galaup et de Marguerite de Rességuier, avait été enrichi à son entrée dans la marine, selon les tolérances du temps, d'un titre supplémentaire déduit d'une terre située dans le lieu-dit la Pérouse ou la Peyrouse entre Albi et Puygouzon. Elle sonnait mieux que l'alternative du domaine du Gô. L'orthographe La Pérouse était en usage dans les correspondances officielles du XVIIIe siècle. Elle doit être conservée dans les citations de l'époque.

Le navigateur signait lui-même sans exception Lapérouse, légitimant de ce fait la seconde orthographe, au même titre que la première. Elle a été adoptée au début du XIXe siècle par les familles issues des deux sœurs du navigateur, Martiane-Jacquette Dalmas de Labessière et Victoire de Barthès, survivantes avec lui, ainsi que sœur Sainte-Pélagie morte à 19 ans, de dix enfants dont six étaient morts à la naissance ou en bas âge. Elles ont obtenu en 1816 le droit d'accoler le nom de Lapeyrouse à leur patronyme. L'orthographe a été rectifiée en 1839 en Lapérouse par ordonnance royale de Louis-Philippe. Se rangeant à sa volonté, c'est l'orthographe adoptée aujourd'hui par tous ceux qui contribuent d'une manière ou d'une autre à dissiper le mystère de Vanikoro et à pérenniser la mémoire du navigateur.

Le testament de Lapérouse

Pour être complet, le quartier de Laperouse et le *Laperouse Museum* de Botany Bay dans la banlieue de Sydney utilisent une version anglophone Laperouse sans accent.

Sur les orthographes de Vanikoro

Les langues du Pacifique occidental roulent les « r » et mouillent les consonnes, ce qui expliquait que l'on pouvait entendre aussi bien Manikolo, Vanikolo ou Vanikoro. La narration de Peter Dillon cite selon ses sources les orthographes Mannicolo, Vannicolo ou Malicolo. Dumont d'Urville parle de Mallicolo et de Vanikoro, qui est devenu son nom officiel.

Lexique

Acre. L'acre anglo-saxonne vaut un peu plus de 40 ares ou 4 000 m^2.

Affaler. Laisser tomber rapidement une vergue ou une voile.

Amure. Cordage maintenant le bord au vent d'une voile. Par extension, bord sur lequel le navire reçoit le vent.

Arcasse. Structure constituant l'arrière d'un navire, porté par l'étambot.

Armer (une embarcation, un navire). L'équiper pour lui permettre de prendre la mer.

Artimon. Mât arrière d'un navire à plusieurs mâts.

Border. Raidir l'écoute d'une voile.

Brasse. Mesure de longueur pragmatique valant 1,62 m, soit la longueur moyenne de deux bras étendus. On comptait instantanément la longueur d'une ligne de sonde en la relevant par brassées.

Brasser. Orienter une vergue.

Cadène. Étrier de fer auquel est accroché un cap de mouton.

Cap de mouton. Bloc de bois rond et plat percé de trois trous, agissant à la manière d'une poulie de palan pour raidir un hauban.

Choquer. Laisser filer doucement un cordage.

Compas, compas de mer. Instrument de navigation dérivé de la boussole, dont la rose des vents est fixée à l'aiguille aimantée, qui la maintient orientée au Nord magnétique.

Culmination. Instant où le soleil atteint sa plus grande hauteur en passant au méridien du lieu.

Déclinaison. (Astronomie) C'est la distance angulaire du Soleil ou d'un astre à l'équateur céleste.

Déhaler. Déplacer un navire en le halant par des amarres.

Delta. Lettre grecque symbole de la déclinaison.

Distance zénithale. Distance angulaire d'un astre par rapport à la verticale d'un lieu. C'est le complément à 90° de sa hauteur angulaire au-dessus de l'horizon.

Écoute. Cordage maintenant l'un des points inférieurs d'une voile.

Encablure. Longueur d'un cable de corderie, soit 120 brasses ou approximativement 195 mètres.

Enfléchures. Échelons horizontaux en cordage reliant les haubans, servant à monter dans la mâture. (Et à en descendre…)

Étambot. Pièce de charpente prenant appui sur l'arrière de la quille pour structurer la poupe.

Fonte verte. Les canons étaient coulés soit en fer soit en bronze, dite fonte verte.

Fronteau. Balustrade bordant le gaillard d'avant et le gaillard d'arrière ou la dunette. Au milieu, un petit portique à chapiteau soutenait une cloche.

Gaillard. Partie extrême du pont, ou surélévation de l'une ou l'autre de ces parties extrêmes.

Largue. Allure d'un navire recevant le vent sur l'arrière du travers.

Latitude. Distance angulaire d'un point de la Terre à l'équateur.

Lof pour lof. (Virer) Changer de route et d'amure en passant par le vent arrière.

Misaine. Voile portée par le mât de l'avant.

Ouperavitam. Trois filets de coton barrant le torse, l'un des signes distinctifs des brahmanes.

Panne (Mettre en) Arrêter la course d'un navire en brassant les voiles pour les rendre inopérantes.

Perroquet. Voile du troisième étage de vergues, au-dessus du hunier.

Phi. Lettre grecque symbole de la latitude.

Pinte. Unité de mesure de capacité qui valait un peu moins d'un litre.

Pousser. Partir, s'agissant d'une embarcation. Par extension du geste d'écarter l'étrave de l'embarcation de la muraille du navire auquel elle était accostée, pour faciliter la manœuvre.

Prélart. Grosse toile rendue étanche par de la peinture ou du goudron.

Presidio. Base militaire espagnole en Amérique protégeant une mission et les établissements de colonisation.

Quart. (angle) La rose des vents était divisée en 32 quarts de 1°15' d'angle, soit 8 quarts entre deux directions cardinales.

Ralingue. (en) Se dit d'une voile qui bat librement au vent sans faire d'effet.

Taillevent. Nom donné à la grand-voile d'une yole, complétée par une misaine à l'avant et un tape-cul à l'arrière.

Talonner. Toucher le fond à la partie arrière de la quille, le plus souvent le point le plus bas d'un navire.

Tape-cul. Petit mâtereau d'extrême arrière ou voile portée par ce mâtereau.

Trinquette. Voile triangulaire placée devant le mât avant.

Vergue. Longue pièce de bois effilée aux extrémités, soutenant horizontalement une voile.

Zeta. Lettre grecque symbole de la distance zénithale.

CET OUVRAGE A ÉTÉ COMPOSÉ
PAR PCA
ET ACHEVÉ D'IMPRIMER
PAR CPI BUSSIÈRE SAINT-AMAND-MONTROND (CHER)
POUR LE COMPTE DES ÉDITIONS J.-C LATTÈS
17, RUE JACOB – 75006 PARIS
EN 2015

N° d'édition : 01 – N° d'impression : 2015834
Dépôt légal : avril 2015
Imprimé en France